あなたの会社が目指すのは
# 『売上ですか？　継続ですか？』
小さな会社の「仕組つくり（ノウハウ戦略）」

西 元 康 浩

## はじめに

　書店で「売り上げですか？」「継続ですか？」のタイトルで本書を手にして頂いている方は、おそらくは会社の経営者の方であろうと、勝手に思い込み執筆させて頂いております。

　そして、「売上と会社の継続って、二者択一の対象になるものなのか？売り上げが無いと継続出来ないだろ！　継続の為には儲からないと話にならないでしょ！」と独り言を言いながら本書を手にされているのかなぁ？との妄想も抱いております。

　仮に、筆者の妄想通りの独り言をされた方がおられれば、「確かにその通りです。」ただ、「まずは、儲からないと話にならない！」ばかりに目を向けた会社経営を考えると、ついつい売上といった「目先」の数字に囚われてしまい、「足元」が疎かとなります。

　そして、その「足元」をしっかり見ていないと、遂には、継続を断念する事にもなりかねないのです。

　筆者は、中小企業の経営コンサルタント業務を行う行政書士であります。
　これまでの30数年のお仕事で、ご相談等により関わらせて頂いた会社さんは、おそらく10000社近くになります。
　その中には、「売上が・・」ばかりを追いかけてしまい、継続を断念した会社を何社も見てきました。

　また、経営再生・資金調達・事業承継をはじめとする経営サポートのお手伝いをさせて頂いた会社さん（その殆どが従業員10人未満の、いわゆる小

規模企業さん。)の数でも1000社は下りません。

　そして、私が理事長を務める「(社)日本知的資産プランナー協会（以下ＩＡＰ協会という）」で行う経営サポートは、その社団名の通り「知的資産経営の導入によるサポート」であります。

　「知的資産」という言葉は、経済産業省の定める定義があるのですが、あえて、ＩＡＰ協会では、「「知的資産」を【知恵・工夫・経験】であると定義

しており、その活用に於いては、仕組として社内で共有出来る資産とする事である。」としております。

つまり、「知的資産経営」とは、**「継続できる為の仕組つくり」**であるとしているのです。そして、この【知恵・工夫・経験】こそが、その会社の持つ資産であり、即ち、【強み】(「足元」「土台」)と考えております。

ＩＡＰ協会では、「小規模企業の持つ知的資産（知恵・工夫・経験）は、間違いなく【強み】ではあるが、まだまだ個人としての【強み】でしかなく、企業の【強み】とは成り得ていない。」とも捉えております。それ故、「継続できる為の仕組つくり」を推奨しているのです。

ここで、もう一度本書のタイトルである「売り上げですか？」「継続ですか？」を【強み】といった視点からお話しさせて頂きます。

「売り上げ」とシンプルに結びつく【強み】は、「商品・サービス」の持つ魅力（機能性・デザイン・価格・ネーミングなど）となります。

そして、「継続」と結びつく【強み】として「継続できる為の仕組」が挙げられ、これは組織・企業としての【強み】となります。

> 小規模企業の持つ【強み】のほとんどは、実は商品やサービスそのものにあるのではなく、その商品やサービスを作り出す<u>基となっているヒトの力（知恵・工夫・経験）</u>にあります。

本書では、このヒトの持つ力（知恵・工夫・経験）をやり方・方法・技術力も含め「ノウハウ」と呼ぶことにします。

確かに、小規模企業の生みだす「商品・サービス」には、本当に凄いモノもたくさんあります。

　しかし、筆者は、「商品・サービス」＝企業の【強み】とするには、些か問題があると考えます。その理由の一つには、筆者が次のように考えるからです。

　「商品・サービス」を【強み】と捉えて、その【強み】をブラッシュアップする事や売り方・見せ方を考える事は、当然の経営戦略であり、決して間違った方向性ではありません。

　しかし、新商品や新たなサービスが仮に成功して、売上を伸ばせたとしても必ずと言って良い程、他社に真似されます。

　そして、その成功が大きければ大きい程、ますます真似られるリスクは高くなります。結果、また次の新しい「商品・サービス」の開発や価格競争といった、大変短いスパンでの投資の繰り返しを余儀なくされます。

　この様なお話をさせて頂くと、「では、特許を取って真似られないようにすれば良いのではないですか？」とのご提案が、しばしばあります。

　確かに特許権は、特許法により大変強い独占権が認められた権利であります。
　その意味からも特許権を取得すべき**高度な発明となる商品・製品**等は取得をお勧めしますが、特許権での権利が及ぶ範囲は、基本的には、特許権者に無断で同じ仕組みのものを作ったり、販売した場合に限られます。

　特許権では、その商品や製品の**コンセプトやアイディア等の発想そのもの**までは守れないのです。

むしろ、経済の発展の為に、その**アイディアを広く社会に公開する**といった目的も特許法には定められています。

　このことから、筆者は、小規模企業の持つ「商品・サービス」の多くは、特許権等での保護による戦略は馴染みにくく、その範囲は極めて限定的であり収益性・継続性を担保しにくいと考えております。

　では、話を戻しまして、新商品やサービスが真似られたとしても「そもそも商売とは同業他社との競争であるのだから仕方がない。」といってしまえばそれまでの話です。

　しかし、このような商品開発や価格競争には、当然それなりの研究設備や資金、人材が必要となります。
　大手の企業さんであれば、もちろん、必然的な投資戦略でありますが、それらを持たない小規模企業に於いては、現実的には困難な戦略であると言えます。

　そこで、小規模企業の体力と性質を考えての、【強み】を活かした戦略としては、その「商品・サービス」を生み出しているヒトの力を【強み】と捉えて、その仕組化を図る戦略で考えてみるとどうでしょう。

　そうする事で、はじめて小規模企業の勝機が見えてきます。

　「三人寄れば文殊の知恵」ではありませんが、一人より二人、三人の知恵を活用できる方が、経営の充実や効率化が図られる事は明らかです。

　ところが、小規模企業に於いては新商品や新サービスの開発、また販路の拡大や営業といった業務の多くは、**頼りになる一人の方に依存**、もしくは集

中しているケースが往々にしてあります。

　そもそも何故、個人への依存や集中が起こるのかと言えば、その個人（多くは経営者）の持っている「ノウハウ」が、その個人の頭の中にだけあるからなのです。

　頼りにされている個人からすれば、「いちいち教えるより、自分でやる方が早い。」「自分もそうしたように自分のやり方を見て、覚えれば良い。」「まだ経験していないから、言ってもどうせ、通じないだろ。」等々の思いがあります。

　また、他の者からすれば「言われた通りやっているのに。」「そもそも経験が違うから。」「タイプが違うから無理」等々の思いがあります。

　この両者の思いの原因は、やはり、個人の持つ「ノウハウ」が、しっかりと目に見えるものとなっていない、共有できる「目に見える仕組み」となっていない事にあるのではないでしょうか。

　その個人の持つ「ノウハウ」を企業として活用できるような仕組みとして構築出来れば、間違いなく「商品・サービス」の開発に向けての効率化や経営そのものの効率化も図られるようになります。

　そして、仕組み化そのものは確かに、すぐに売上に結びつく訳ではないですが、外部へ出ていく「商品・サービス」とは違って、他社に真似られるリスクが格段に低いと言えます。
　それは「仕組み」そのものを「自社の強み」として従業員で共有し、自社の資産としてしっかり管理しておけば、特許法ではなく別の法律（不正競争防止法）により他社に容易に真似られたり、流出する事を防げるからなのです。

また、別の効果として、目に見える形での仕組み化を図る事が出来れば、社員の中にも日々の業務での気付きを「ノウハウ」として、「どの様に仕組化すれば良いか？」といった意識が生れます。

　つまりは、「商品・サービス」そのものを【強み】と捉えるのでは無く、それを生み出す「ノウハウ」を【強み】とする事で、【強み】を日々の業務の気付きから、更に進化させる事が出来ます。また、その為に新たな投資的資金を必要とする事も無いのです。

　その意味からも、「仕組つくり（ノウハウ戦略）」は、まさに小規模企業に向いた戦略といえるのです。

---

　もう少し分かり易く例えると、和菓子屋さんが「イチゴ大福」のような新商品を出しても、じきに同じような商品が同業他社から売り出されて、一時の売上やブームにしかならない。
　しかし、優れた職人の手技により創られた和菓子の作業工程表を作成して、個々の行程での注意すべき事を書出し、各々の行程をこなす為には、どの程度の訓練と知識が必要か？また、その職人さんが新商品を思いつく為に何を心掛けているのか？等々をまとめた**教育・訓練マニュアル**を作成できれば、従業員での共有できる資産となり、結果的には多くのヒトの持つ知恵・工夫・経験を活用する事が出来ます。「イチゴ大福」だけでなく、今後も多様なお客さまのニーズに応えられる商品を継続的に生み出す事が出来るのです。

---

　「売り上げか？継続か？」との問いは、自社の持つ【強み】の正体を正確に把握する為の問いでもあるのです。
　そして、今そこにある「商品・サービス」ではなく、その本当の意味での【強み】である「ノウハウ」を仕組みとする事で、同業他社とのしっかりとした

差別化を図る戦略をとるという事なのです。

| 特徴 | 製品・サービスの差別化 | 事業の仕組みの差別化 |
|---|---|---|
| | 目立つ、わかりやすい | 目立たない |
| | 華々しい成功 | 表面にあらわれにくい成功 |
| | 真似しやすい | 真似するのに時間がかかる |
| | 持続時間が短い | 持続時間が長い |

加護野忠男・井上達彦「事業システム戦略－事業の仕組みと競争優位」有斐閣

　その意味から、「売り上げか？継続か？」の答えは、「継続」となるのです。
「まずは継続する為の仕組みを作る事で、はじめて売上を伸ばす為に必要な商品やサービスが生れる。」
　このような戦略を本書では「仕組つくり（ノウハウ戦略）」として捉えています。
　「ノウハウ戦略」という言葉を聞くと、ＩＴ系の企業や凄いビジネスモデルの会社で行われている経営戦略のように思われるかもしれませんが、決してそんなことはありません。
　これまで述べさせて頂いたように本書でいう「ノウハウ戦略」とは、［どんな会社さんにでも必ずある資産を活用する。］といった至ってシンプルなものです。

<u>**知的資産＝【知恵・工夫・経験】（以下　ＣＫＫ資産　という。）＝必ずある資産。**</u>

　そうです！知恵と工夫と経験なので、町のパン屋さんや八百屋さん、エステサロンや美容室さんにも、モノづくりの会社さんや建設業・不動産業にも商社さんにも、本当にどんな会社さんにでも必ずある資産なのです。

# 目　次

1 小規模企業の現状と課題そして減少傾向
　1．小規模企業の現状と課題 …………………………………… 10
　2．小規模企業の減少傾向 ……………………………………… 17
　3．日本での起業意識の低さ、その背景 ……………………… 25
　4．引継ぐべき見えない資産 …………………………………… 34
　5．既存のビジネス＞新規のビジネス ………………………… 42

2 「ノウハウ」の流出と評価について
　1．「ノウハウ」流出の防止と「営業秘密管理指針」………… 48
　2．「ノウハウ」の金融機関・投資家評価 …………………… 55

3 「仕組つくり（ノウハウ戦略）」のはじめ方 ………………… 67

4 小規模企業振興基本法の目指すもの
　1．基本法と知的資産（知恵・工夫・経験：ＣＫＫ資産）…… 79
　2．「事業承継」と「資金調達力」から見た【持続的発展】……… 85
　3．基本法と「小規模企業持続化補助金」…………………… 108

5 「人的資産の構造資産化」と事例 …………………………… 122

6 「仕組つくり（ノウハウ戦略）」での営業秘密管理
　1．営業秘密管理とは …………………………………………… 144
　2．「先使用権制度」の活用 …………………………………… 158

7 商標権の活用 …………………………………………………… 164

8 知的資産プランナーとは ……………………………………… 176

9 「仕組つくり（ノウハウ戦略）」による資金調達 ………… 188

おわりに …………………………………………………………… 218

# 1　小規模企業の現状と課題そして減少傾向

## 1．小規模企業の現状と課題

　これまでＩＡＰ協会に、ご相談に来られる小規模企業の中には、「ウチの商品やサービスは他には無いです！とても優れているのです！しかし、色々な戦略を立ててきたが、なかなか上手く行かないのです。どうすれば売れるでしょう？」といったお話があります。

　そして、多くは「売り方や宣伝の仕方を思い切って変えたいのです、その為の資金を金融機関から借りたいのですが、思うように融資が受けられないのです。」との話に続きます。

　確かに、社長さんがおっしゃるように一見すると優れた商品や、今までに無いようなサービスにも思えます。
　また、ＳＮＳや広告媒体にお金をかければ、売上に繋がるようにも思えます。

　しかし、よくよくお話を聞かせて頂くと、「以前はすごく売れて儲かっていたが、景気が悪くなったり、ライバル店が増えてしまったから・・・」との話も必ずといってよい程出てきます。

　そして、「生き残っているライバル店は、大手資本が入っているから・・・」との理由も概ね同じような話になります。

　そもそも、ライバル店が出現するのは、自社の商品やサービスを真似たお店が出てきたという事ですから、これは自由競争の原理では、当たり前の事

です。「**たまたま運が悪かった。**」とはならないのです。

　たまに「ものまねビジネスは二流だ！」とか、「けしからん」と言われる方がおられますが、本当にそうでしょうか？
　どこかの商品やサービスや誰の真似もせずに生まれてくるビジネスがあるのでしょうか？戦後の日本経済の復興の原動力も正に、この「真似る」であったと思います。

　当時は外国の特に米国からの電化製品や車などなどの技術を丹念に調べ、そして、日本の生活環境に合う仕様への工夫と、低価格化への挑戦の結果、品質に於いて世界にその名を轟かすまでになったのではないでしょうか？ただ、今日では、中国や韓国等々の国にその地位を明け渡す状況であります。

　日本は、とうの昔に「真似る」から「真似られる」国へと、その立場が変わっているのに、只々、「日本の技術は凄い」「日本の商品は安全だ」「経済大国だ」と言った、バブル以前の掛け声だけで、『「真似られる国」として、何をすべきなのか？』に本当の意味では気付いていないのではないかと思います。

---

　※学ぶは、「まねぶ（学ぶ）」と同源であり、「まねる（真似る）」とも同じ語源と言われています。
　その意味から見れば、『真似る』という行為は、偽物を創る事（贋作を創る）ではなく学ぶ事であり、教わる事であります。
　「真似る」を「磨いて（知恵・工夫）、練る事（経験）」として【磨練る】の言葉を社是・社訓としている会社さんもあります。

---

　つまり、「**商品やサービスは、必ず真似られることを前提に商売をしなければならい**」ともいえるのです。

だとすると、単にＳＮＳや広告媒体を使えば、「売り方や、見せ方を変えれば何とかなる！」というのは、やはり一時的な解決策といえるのではないでしょうか？

　小規模企業には、他者が簡単に真似られないものとして、商品やサービスを生み出している自社の持つ「ノウハウ」があります。

　その「ノウハウ」を【強み】と捉えて、個人の持つ「ノウハウ」を企業として活用できるように「仕組み化」し、その「仕組み」自体を権利化・保護化した上で広告宣伝や売り方を考えるべきなのです。

　私どもＩＡＰ協会では、この「ＣＫＫ資産」を活用した経営戦略の事を「仕組つくり（ノウハウ戦略）」と位置づけています。

　しかし、小規模企業の社長さんや社員さんに「ＣＫＫ資産」を活用した経営戦略についてお話しすると、「【知恵・工夫・経験】？
　確かにあると思うけど、それって、誰にでも　どこの会社にも普通にあるもので・・・活用と言われても？
　普段から・・・たぶん普通にそれを使って仕事しているから、あらためて活用と言われてもピンと来ないなぁ」という意見が大半です。

　確かに、どんな仕事でも知恵や工夫・経験を使って営業活動や製造活動や販売活動といった業務を行っています。

　一見すると個人の知恵・工夫・経験を業務に反映しているのだから、会社として活用しているのと同じではないのか？と思われるかもしれません。

しかし、「個人の知恵・工夫・経験を業務に反映させている。」だけでは、「そのヒトが業務を担っている間だけの反映。」となってしまっているのです。

　　　　そのヒトが会社から離れたら・・・と考えてみて下さい。

　確かに小規模企業は、経営者を含む社員の方々の持つ個人的スキルで成り立っています。
　しかし、それは少し見方を変えると「個人のスキルに**依存**している。」ともいえるのです。

---

　つまり、そのヒトが企業を離れると同時に『失われてしまう資産である』という事なのです。

　そして、その資産のウェイトが高ければ高い程！

　そのヒトが優秀であればある程！

　皮肉なことに、企業の継続性は、より不安定なものとなっている事は、意外に気付かれていないのです。

---

　また、良い経営者と呼ばれる社長さんが、よく口にする「ウチの会社はヒトでもっている。」という言葉は、ヒトを大切にする会社さんとしてのニュアンスで使われています。

　確かに、人を大切にと考える小規模企業は、良い会社さんです。その事に何の問題も無いのですが、「その人が、仮にいなくなった時に会社が存続できるのか？」といった視点で会社経営を考える事は、絶対に必要なのです。

何故なら、人間はいつか、必ずいなくなるからです。

> 　会社経営は「ひと・もの・かね」であるといわれますが、事業の継続や承継を考えると「もの・かね」の承継は、通常の相続と同様に理解できますが、「ひと」は？となると相続のようなわけにはいきません。そもそも会社経営でいう「ひと」とは、その人のもつ「知恵・工夫・経験」の事なのです。

　また、先ほど「真似られる事を前提とした商売をするべき」そして、真似とは、実は学びであり、「磨く、練る、」と捉えての磨練る（マネる）事だと紹介させて頂きました。

　そして、磨練る（マネる）という意味での模倣により、ビジネスとして成功している会社さんの多くは、商品や同業者のサービスそのものではなく、そのやり方・方法といった「ノウハウ」を模倣しているのです。

　その中でも有名な話に、「トヨタ生産方式」があります。その方式のベースにある考え方としてジャスト・イン・タイムという言葉がでてきます。

　これは、スーパーマーケットでの、顧客の必要とする品物を、必要なときに、必要な量だけ在庫し、いつ何を買いにきてもよい品ぞろえをしておくための「ノウハウ」を意味します。そして、その「ノウハウ」を取り入れ、トヨタの製造工程でのやり方を次のように見直したと言われております。

　スーパーマーケットを前工程、顧客を後工程と考えて、顧客である後工程が、必要な部品を、必要なときに、必要な量だけ前工程に取りに行くことにした。

　**この事からも「真似られる事を前提とした商売をするべき」とは、「他社を磨練る事」**を推奨する言葉でもあります。

　但し、単に他社の商品やサービスを追いかけるのではなく、そこにある「ノ

ウハウ」を学ぶ事からの磨練る（マネる）が必要であるという事です。

そして、他社（異業種も含む）の「ノウハウ」を自社の仕組みに、どのように組み込めば、自社の強みとなるのか？
その視点と取り組みを行う為にも、まずは自社の「ノウハウ」をしっかりと仕組化しておく事が絶対的に必要なのです。

また、しっかり権利化・保護化を図って真似られないようにしておく事が大事なのです。

> 真似て、真似られてビジネスは進化し、そして社会が発展するのです。だからこそ、他社との差別化が大きな意味を持つのです。

> 我が国の小規模企業が、本気で自社の「ノウハウ」を仕組化して、権利化・保護化を図れば、日本経済は今の２倍にも３倍にも大きくなる可能性を秘めています！

　先にも述べましたが、「真似る事は二流だ！」「真似はけしからん！」では無く、**ビジネスは真似るべきであり、学ぶべきなのです。**
　そして、本当に磨練る（まねる）べきは、「ノウハウ」なのです。

　この意識が希薄であれば、それは、真似られる事への備えの意識も希薄になってしまうと言えるのです。
　この「**けしからん**」と「**真似るべき**」の意識の差は、まさに日本企業と諸外国の企業との根本的なビジネスに対する意識の違いであるといえます。

　本章の２項以降でも、日本企業でこの意識を醸成したものが何か？また、その結果、招いてしまった現状についてお話しさせて頂きます。

　私どもＩＡＰ協会の提唱する「仕組つくり（ノウハウ戦略）」では、個人（経営者・従業員）の持つ知恵・工夫・経験を企業の持つ「ＣＫＫ資産」へと再構築する事から始まります。

　ＩＡＰ協会では、これを【**人的資産の構造資産化**】と呼びます。この呼び名は、経済産業省の推奨する知的資産経営で使われる個々の資産名称に由来しております。（知的資産経営については、第４章５章にて触れさせて頂きます。）

**現状の小規模企業が抱える一番の問題は、実は、「自社の持つ知恵・工夫・経験「ＣＫＫ資産」（ノウハウ）への過小評価」であり、その「ノウハウ」の仕組化が、殆ど手つかずで、社長や社員の頭の中だけある事だといえるのです。**

２．小規模企業の減少傾向

ＩＡＰ協会が、小さな会社の「仕組つくり（ノウハウ戦略)」として。【人的資産の構造資産化】を推奨する理由は、今日の日本経済環境の状況からも緊急に取り組まなければならない問題であると考えるからです。

今、日本の小規模企業が、その数を急激に減らしてきているという事情があります。

この企業の減少が、このままのペースで進むと、そう遠くない将来に日本は、「とんでもない失業大国」にもなり兼ねないという厳しい現状に直面しているからなのです。

日本の企業数は、約 421 万社と言われ、その内 99.7％（419.8 万事業者）が中小企業と言われております。（下記の中企庁 News Release　速報値）

中小企業庁では、「経済センサス－活動調査」のデータを分析し、中小企業・小規模事業者数の集計作業を行ってきました。この度、速報値がとりまとめられましたのでお知らせします。なお、今回公表する企業数は、2012年2月時点のものです。

**集計結果（速報値）**

|  | 2009年<br>（企業全体に<br>占める割合） | 2012年<br>（企業全体に<br>占める割合） | 増減数（率） |
|---|---|---|---|
| 中小企業・小規模事業者（全産業） | 420万者<br>（99.7％） | 385万者<br>（99.7％） | ▲35万者（▲8.3％） |
| うち小規模事業者（全産業） | 366万者<br>（87.0％） | 334万者<br>（86.5％） | ▲32万者（▲8.8％） |
| 全規模（大企業と中小企業・小規模事業者の合計、全産業） | 421万者 | 386万者 | ▲35万者（▲8.3％） |

※今回、公表する企業数は、2012年2月時点のものです。

出典：平成 25 年 12 月 26 日　中小企業庁　News Release より。

また、2009 年の中小企業庁調べでは、小規模企業は、366 万事業者であると報告されています。この数字からも、明らかなように私たちの身の回りにある会社は、その殆どが「小規模企業」なのです。

今、この日本の企業の約 90％近くを占める「小規模企業」が、過去に例を見ないスピードで、急激に減ってきているのです。

1 　小規模企業の現状と課題そして減少傾向　　　19

　下図は、総務省「事業所・企業統計調査」によるグラフです。

事業所・企業統計調査による開廃業率の推移(非一次産業、年平均)
～1991年調査以降、廃業率が開業率を上回る状況が続いている～

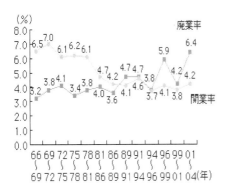

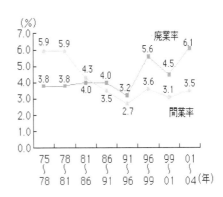

（注）　1．①については、事業所を対象としており、支所や工場の開設・閉鎖、移転による開設・閉鎖を含む。2．1991年までは「事業所統計調査」、1989年及び1994年は「事業所名簿整備調査」として行われた。

　また、次のグラフは、中小企業庁による「２０１４年版中小企業白書について（本文）２０１４年７月」に掲載の中小企業の企業数推移のグラフであります。

---

　小規模企業の数は、1986年以降長期に渡って減少傾向にあり、今回の報告からもそのトレンドが持続していることが明らかになりました。

---

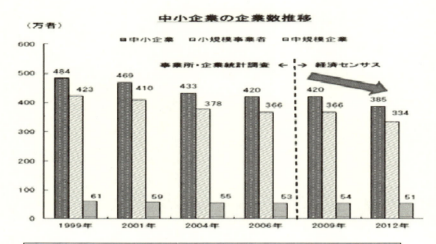

※全ての統計で、僅か3年間での中・小規模企業の減少数は、35万事業者（内、小規模事業者は32万事業者）です。

> 仮に、この減少傾向が今後10年続けば、100万を超える小さな会社が日本から姿を消してしまいます。
> そして、数百万人から1千万人を超える人達が、失業・転職等により、その生活環境を著しく低下させるという事なのです。

1　小規模企業の現状と課題そして減少傾向　　21

　会社を起こして、若しくは承継された社長さん達の中で、自分の会社が次の世代へと受け継がれることを願わない方は、殆どおられません。

　しかし、小規模企業の経営者の皆さんと、事業の継続についてお話をさせて頂くと、「う〜ん、今が精一杯なので・・今月を乗り切れるか？来月は大丈夫か？で、事業の承継や後継者の事までは、今は・・・」という言葉が返ってくるケースが多いのも事実です。

　ＩＡＰ協会では、次の世代へ受け継がれる小規模企業の存在こそが、今日の社会をそして、未来の日本を支えているのだと本気で受け止めております。

　しかし、このままの【廃業率の増加】そして【起業率の低下】が進めば、間違いなく近い将来、日本経済・社会は今とは全く違う姿になってしまいます。

　ところが、多くの人は、「確かに、このまま行けばマズイけど、きっと大

丈夫だろ！何とかなるだろう！日本の企業は凄いから、誰かが何とかするって！」といった思いを持っているのではないでしょうか？

そして、「誰かが何とかする」の誰かって誰ですか？と尋ねた時に思い浮かぶのは、日本政府や若しくは、先のグラフで僅かに全事業所の０．３％しかない大企業さんの名前だと思います。

本当に０．３％の大手企業さんが、国内の減少して行く小規模企業を何とか出来るのでしょうか？　おそらく無理でしょう。

むしろ、モノ創り関係の国内の下請け企業の多くは、海外の下請け企業にとって代わられます。
建設業等での技術を持つ職人さんは国外へ流出してしまうでしょう。
商店街を含む小売り関係の小規模企業は、大手量販店やスーパーに吸収される事になるでしょう。

最終的には日本での企業の構成が一部の国内大手企業と多くの外国資本の企業になる事も十分にあり得るのです。

大手企業がこの問題を何とかできるか？　についてですが、日本の大手企業と言えば、世界的にも有名な企業さんがいくつもあります。

しかし、その大手の企業が国内の小規模企業の為に、何らかの手立てを考えてくれるだろうとの予測は、相当に甘い期待でしかありません。

何故なら、企業数でこそ０．３％約１２，０００社ではありますが、売上高をみると中小企業の総売り上げとほぼ変わらない売上高を有し、社員数に

至っても中小企業全体の社員数の約１／２程を雇用しているのです。

　正直、大手企業が主に見据えているのは、国際市場や国外の企業との提携・受注・発注を考えていると見るべきなのです。

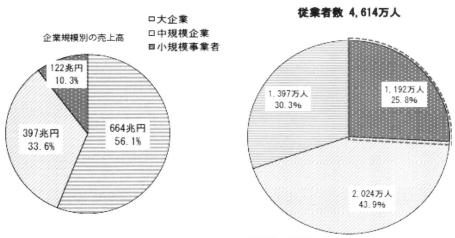

資料：総務省・経済産業省「平成24年経済センサス－活動調査」再編加工

出典：2015年版　小規模企業白書　中小企業庁編

**やはり、小規模企業の減少を止める事が出来るのは、「小規模企業自身がなんとかする。」しかないのです。**

　このような話をさせて頂くと、たまに「それは、それで仕方ないんじゃない！自由競争だし！」という方がおられます。

　確かに、自由競争の原則から、質の良い商品やサービスが残り、良くない商品やサービスが淘汰されて、結果として、日本の小規模企業が無くなって行くのであれば、止むを得ないともいえます。

しかし、実際には、「**質の良い商品やサービスを提供している小規模企業が、承継されずに消えていくケース**」は、意外にも多いのです。この辺りの状況については、後で触れさせて頂きます。

そして、このような小規模企業の減少を加速させる理由の一つに、日本の小規模企業の「ノウハウ」が、どんどん国外の企業へ流出している事も挙げられるのです。

日本の小規模企業の「ノウハウ」が国外の企業を育てる事となり、結果、強い競業者を国外に生み出しているのです。
さらに、日本へその国外の競業者が進出するといった悪循環が年々増加してきています。

当然、国内に於いても同様に、「ノウハウ」の流出は、競業者を生み出し、結果、「ノウハウ」は資本力のある企業へ集中していく事となります。
　また、視点を変えて起業率の低さの要因を見た時も、同様に日本の会社さんの「ノウハウ戦略」への取組みの弱さが関係してきます。

　但し、これは会社側だけの問題では無く、日本的な商習慣の問題でもあり、また、全体的な価値観の課題でもあると思われます。


## 3．日本での起業意識の低さ、その背景

　日本での起業環境を考えてみると、世界の先進諸国に比べて、難しい要素があるように思われます。

　それは、起業という「リスクのある」選択に対して、非常に消極的な国民性であると思われるからです。

　この消極的な国民性は、間接金融である銀行系金融機関に於いてのアイディア（ノウハウ）への融資評価が著しく低い事や、起業に対する投資家（エンジェル）の少なさからも判断できます。

　また、筆者がNHKでの「起業」についての番組（IAP協会の理事でもある立石裕明氏が出演しました。）を見ていると、出演者さんのコメントで、「確かに、アメリカやヨーロッパでベンチャー企業が、数年で凄い企業になった。とかの話はあるけど、それより、はるかに多くの起業の失敗、廃業があるのではないですか。」
「むしろ、日本の方が堅実だから、起業が少ないとかという話になってい

るのではないでしょうか。」

「もし、子供が起業して社長になるとか言われたら、バカなことを言ってないで、ちゃんと就職して貯金でもしなさいと言いますよね！」などの話が出ておりました。

　勿論、このやり取りが変だとか、分かっていないなぁ、という事ではなく、日本での起業に対する一般的な見方との思いで観ておりました。

　筆者は、このような我が国の経済・社会における商慣習・風土は、戦後の日本経済復興に向けて、政府の舵取りが「護送船団方式」による金融政策であった事に大きく起因すると考えます。

> 「護送船団方式」とは、弱小金融機関に足並みを揃え、過度の競争を避けて、金融機関全体の存続と利益を実質的に保証すること。〔船団を護衛するとき、最も速力の遅い船に合わせて航行することからいう。1990年代後半の改革が始まるまでの日本の金融行政をいった語〕　出典：大辞林 第三版の解説

　日本においては、戦前の金融恐慌による弱小金融機関の破綻や取り付け騒ぎを教訓として、戦後は、金融秩序の確立、また、産業界が経済成長を遂げ、国民生活の安定のめに、低利かつ安定的な資金を供給していくことを政策の課題としました。

　このため、金融行政を担ってきた当時の大蔵省や金融政策を司る日本銀行は金融業界に対して「金融業界に対する金融安定化・産業保護政策」という「護送船団方式」によって金融機関の倒産（破綻）を防ぎ、経営を安定させ、ひいては預金者の無用な不安を惹起しないよう、他産業に比べても多くの行政指導を行ってきたのです。

　そして、不良債権の発生等により経営力が低下した金融機関に対しても、破綻（倒産）という措置を取らさず、他の金融機関との合併を強力に指導したため、結果として、第二次世界大戦後から高度成長期、安定成長期に至るまで日本において金融機関の経営破綻は皆無でありました。

　このため、「金融機関はつぶれない」という社会通念（神話）が形成され、日本の預金者（貯金者）にとって金融機関の健全性に絶対の信頼をおく風土が生れたのではないかと思います。

　この政策により、生まれた金融機関への信頼は、預貯金への信頼であり、貯蓄への安定性を重視した国民性の形成であったのだと思います。

筆者は、この事自体は、戦後復興に於ける世界に類を見ない、大変優れた政策であった思っています。

　但し、新しい事への挑戦や「起業」に対しては、どうしても「無茶な試み」や「ギャンブル」としての見方になり、「寄らば、大樹の陰」といった安定志向から大手企業への就職が目的となるような教育環境の醸成に大きく影響したのだとも考えてしまいます。

　また、最近よく耳にする「最近の日本は、※イノベーションが起こりにくい国なっている。」といった言葉にも共通していると思われます。

　※ウィキペディア調べ：イノベーション（英： innovation）とは、物事の「新結合」「新機軸」「新しい切り口」「新しい捉え方」「新しい活用法」（を創造する行為）のこと。一般には新しい技術の発明を指すと誤解されているが、それだけでなく新しいアイディアから社会的意義のある新たな価値を創造し、社会的に大きな変化をもたらす自発的な人・組織・社会の幅広い変革を意味する。
　つまり、それまでのモノ・仕組みなどに対して全く新しい技術や考え方を取り入れて新たな価値を生み出して社会的に大きな変化を起こすことを指す。

　※ブリタニカ国際大百科事典　小項目事典の解説では、イノベーションとは、J.A.シュンペーターの経済発展論の中心的な概念で，生産を拡大するために労働，土地などの生産要素の組合せを変化させたり，新たな生産要素を導入したりする企業家の行為をいい，革新または新機軸と訳されている。

≪余　談≫

　平成3年頃、日本の各政党からのメンバーによる国会議員超党団が組まれ、当時のソビエト連邦共和国で、ゴルバチョフ大統領の推し進めるペレストロイカ政策についての議員団による意見交換会議が、ハバロフスクで行われました。

　たまたま、随行する事となった筆者は、ウラジオストックでコムソモールと呼ばれる青年部の若者たちとサウナへ行き、その後お酒を飲んで話していた時のことです。

　「ペレストロイカによって、ロシアでの社会主義は、今後どのように変わると思います？」と尋ねた時に、帰ってきた答えが、「日本のような成功した社会主義に変わる！」との答えでした。

　「えっ？日本は資本主義の国ですよ！」と大変驚いたことを今でも、はっきりと覚えています。

へぇ〜　日本って　世界から「成功した社会主義国」って見られてたんですか〜

　この、コムソモールの若者たちが、日本を成功した社会主義と語った理由は、まさに、この「護送船団方式」による、政策の事であったのだと筆者が理解したのは、恥ずかしながら、帰国後に日本の戦後経済政策を調べてからの事でした。

日本では、金融業界に限らず、様々な業界で行政官庁の強力な行政指導が存在したことから、「国が実質的に地域経済を経営している」との見方があったのです。

　この行政指導での「護送船団方式」が、しばしば外資やエコノミストによってなされる「日本は、世界で最も（もしくは、世界で唯一）成功した社会主義国家だ」等という揶揄を生む大きな理由の１つとなっているとの事でした。

　少し話がそれてしまいましたが、そもそも、護送船団方式は、「落伍者を出さない」（言い換えれば、経営が少し位お粗末でも破綻はさせない）ことに主眼が置かれた政策でありますから、経済が右肩上がりの社会で、効果が発揮される政策であります。

　その意味では、自由な市場競争（他より優れた商品・サービスを供給したものが勝ち残る。）という、本来の自由競争にはなじまない政策なのかもしれません。

　筆者は、この安定を最優先とした「護送船団方式」が、誤った政策であるとはいいません。
　むしろ、先にも述べたように最も日本的な政策であったとも思います。

　但し、このような背景、環境から日本では、**「起業家が自分で、まず資金を貯める。」**が大前提であり、「起業」への真剣度・本気度を図る目安となり、なかなか若者がビジネスを始める準備すらままならないようになっているのです。

　つまり、投資家や銀行といった資金を出す側も、**「資金があるところには、投資・融資をする。」**といったリスク回避の傾向が強いという事です。

そのため、どんなに素晴らしいアイディアがあっても、日本では、それだけでは資金を調達する事は極めて難しく、起業することが困難であると言えるのです。

　次表の実態調査でも、創業・開業での一番の苦労が、開業資金の調達であり、その調達先の大半が自己資金である事が示されております。

| 創業・開業の準備期間中の苦労 | (％) | 創業・開業前に利用した資金調達先 | (％) |
|---|---|---|---|
| 開業資金の調達 | 48.6 | 自己資金（預貯金、退職金など） | 74.8 |
| 質の高い人材の確保 | 31.6 | 民間金融機関からの借入金 | 37.6 |
| 販売先の確保 | 24.7 | 配偶者や親族からの出資金や借入金 | 32.8 |
| 事業に必要な専門知識・技能の習得 | 19.8 | 公的機関・政府系金融機関からの借入金 | 19.5 |
| 経営知識（財務・法務等）の習得 | 17.9 | 友人や知人からの出資金や借入金 | 11.1 |
| 立地場所の選定 | 16.5 | 民間企業（取引先等含む）からの出資金や借入金 | 3.1 |
| 仕入先の確保 | 13.3 | 以前の勤務先からの出資金や借入金 | 2.9 |
| 量的な労働力の確保 | 11.2 | フランチャイズ・チェーン本部からの借入金 | 0.3 |
| 規制（許認可の取得等） | 10.4 | ベンチャーキャピタルなどからの出資金 | 0.1 |
| 家族の理解・協力不足 | 9.6 | その他 | 5 |
| 事業内容の選定 | 6.3 | | |
| 対象とするマーケットの選定 | 5.8 | | |
| 業界慣行 | 5.8 | | |
| 前職からの退職 | 5.8 | | |
| 前に経営していた会社の整理（負債等） | 2.8 | | |
| 有能な専門家（コンサルタント・会計士等）の確保 | 2 | | |
| その他 | 1.6 | | |
| とくにない | 9 | | |

資料：株式会社日本アプライドリサーチ研究所
「創業環境に関する実態調査」（2006年11月）
（注）複数回答のため合計は100を超える。

出典：中小企業白書2007年

　また、ＩＡＰ協会が「知財マネジメント」としての授業を受け持つ大学での学生の皆さんにも卒業後の「就職か？起業か？」の選択について、毎年、話を聞かせて貰うのですが、傾向は起業率の減少の示す通り、年々、「起業も考えている。」の声は減る一方です、2014年では、ついに一人も手が上がりませんでした。

そして、学生さん達に何故「起業を考えないのか？」の理由を聞くと、まず「資金が無いから」そして、「経験が無いから」との意見が必ず出てきます。

　「資金が無いから」との意見については、筆者も金融機関からの借入れ、特に「創業融資」についての話もさせて貰うのですが、正直、学生さん達が起業に向けての「創業融資」を受けようとした時のハードルは、決して低くありません。

　学生さんへは、簡単に次のような話をさせて貰っています。

　創業に向けての自己資金が最初のハードルとして挙げられます。
　法人での創業に於いての自己資金としては、まず資本金があります。

　現在の会社法では、株式会社の資本金は1円からでも設立可能でありますが、創業融資を申し込むのであれば、最低でも100万円くらいの資本金にはしておくべきでしょう。

> もしくは、個人の定期預金や積立等で100万円以上ある事が、ほぼ最低条件であると思っていただくと良いと思います。
>
> 　なぜなら、資本金を300万として法人設立を行なえば、無条件でその資本金を経営者の自己資金と看做して貰えるわけではないからです。
>
> 　両親や知人からお金を借りて、資本金としていないかのチェックは、必ずあります。即ち、資本金として用意した資金の出所をちゃんと金融機関が納得できる資料が必ず必要になるという事です。
>
> 　一定期間積立てきたことが分かる預金通帳や、個人名義の定期預金の証書などです。

　この話からもお分かり頂けるように、起業に向けての自己資金は、金融機関に於いては、起業家の真剣度・本気度を測る「試金石」となっています。

　それどころか、既に10年20年以上の業歴を持つような会社の運転資金の調達においてすら、同様に「資金のある会社へは貸す。」といった厳しい状況であります。

　ましてや、新たなビジネス展開に向けての融資や投資となると相当にハードルの高い資金調達となります。

　こうした日本の起業家に求められる自己資金の準備は、新しいビジネスアイディアの実現化という面からみれば、その実現を阻む大きな要因になっているともいえます。

　このような現状の背景には、「護送船団方式」による日本経済の成り立ち

や長引く景気の低迷もありますが、先ほどからお話しさせて頂いております「ノウハウ」そのものへの商品価値や融資価値を認めるといった商習慣が、日本では育まれていない環境が挙げられるのです。

　先ほどの学生さんからの「経験が無いから」という意見からも、その事が垣間見る事が出来ます。彼らのいう「経験」とは、勿論、起業した経験という事ではありません。

　社会に出て既存のビジネスでの社員として働いた経験のことを指しています。まずは、どこかの会社で仕事の経験を積み、その経験を基に起業するという考え方が一般的なのです。

　自分の持つ知識や経験から考え出した新しいアイディアをビジネスとして、今までにない商品やサービスでの【起業】（イノベーション）といった考え方そのものがベースに無いという事なのです。

　この考え方から分かる事は、つまり、既に世の中で成立している「既存のビジネス」での事業の設立を【起業】と捉えているという事になります。

## 4．引き継ぐべき見えない資産

　そのような考え方の背景にあるのは、やはり、新しいアイディア・ノウハウといったものへの商品価値や融資価値を認めにくい社会環境である為だと思います。

　また、本章の前段で「**質の良い商品やサービスを提供している小規模企業**

が、承継されずに消えていくケースが意外にも多い。」事をお話しさせて頂きましたが、このケースに於いても「ノウハウ」そのものへの商品価値や融資価値を認めるといった商習慣の無い事に起因する場合が少なくありません。

　我が国のこの目に見えない無形の資産である「ノウハウ」に対する評価の低さは、当然、自社の持つＣＫＫ資産（知恵・工夫・経験）に対する評価に於いても同じように評価してしまう傾向が強いと考えられます。

　経営者さんは、自社の商品やサービスの価値を売上・収益といった目に見える数字での評価はされるのですが、その商品やサービスを生み出す為の知恵や工夫については、商品やサービスの持つ価値とは切り離して考えてしまっているのです。

　勿論、多くの経営者さんがご自身の経験については、評価も自負もされているのですが、それが実は自社の価値であり、商品やサービスを生み出しているだとの考えにはなっていません。
　ついつい「どんなに良いモノであっても売れなければ、ただのガラクタと同じ。」といった風に考えてしまいがちです。

　その事から事業を承継させる事を断念したり、また、承継者となる子供らも同じく、「苦労してまで継ぐような仕事では無い。」との思いが、あるように思われます。

---

　本来、承継すべきは、商品や製品そのものでは無く、それらを生み出した技術やノウハウであるべきなのです。

おそらく、どのような商売であっても、その商売を始めるキッカケには、「その商売が好きだから。」「その商売が得意だから。」「自分には、その商売を始める為の条件が揃っているから。」もしくは、「世の中に必要な商売だから。」「多くの人が待ち望んでいるから」や「これからの時代で、絶対に必要となる商売だから」などなどの思いや理由があります。

　そして、それ等は、間違いなくその時の【強み】であるのです。だからこそ、時代や社会が変わる事で、【強み】のかたちを変える事があっても、引きつぐべき『資産』である事に変わりは無いのです。

　このようなケースは、特に伝統工芸や伝統技術と言われる産業に多く見受けられます。

　筆者が高知県に出張の折、ホテルでテレビを見ていると和紙漉きの達人と

して外国の方が紹介されていました。

　後で調べてみると、オランダで和紙に出会い衝撃を受け、現在では高知県で和紙工芸家として、２００５年に森の名手・名人１００人に認定（国土緑化推進機構）、２００７年には土佐の「匠」に認定（高知県）されるなど、高知県内外で評価され、和紙と山里の文化へのこだわりは、まさにホンモノで、達人と言われているロギールアウテンボーガルトさんとの事でした。

　正直、筆者は「和紙」というものに対して、それほどの興味を持つことも無かったのですが、このテレビ紹介をきっかけに少し、手漉き和紙について調べてみました。

　日本古来よりの「和紙」としての業界・産業について見みてみると、オフセット印刷やコピー機・プリンターの普及に伴い、低コストで大量生産できる洋紙が主流となり、その需要が著しく減退した産業でもあります。

　しかし、和紙の持つ耐久性や美しさは、２０１４年１１月２６日に国連教育科学文化機関（ユネスコ）で無形文化遺産に登録されました。

　そして、この無形文化遺産に登録された中身は、「和紙：日本の手漉和紙技術」としての登録であります。そうなのです、和紙としての商品の価値は、その手間暇にかかる**手漉きの技術の価値**でもあるという事なのです。

　また、外国人観光客へ向けての、その手漉き技術の見学に製紙家さんの事業所を訪れるツアーまで組まれているそうです。

　その優れた手漉き技術から、和紙による糸が作られ、マフラーや衣服・ウェ

ディングドレスなどの製品が次々と生み出されています。
　そして、今日では、レーザープリンター等の機器の高機能化に伴い、これまでは難しいとされていた和紙への印刷も出来るようになってきているのです。

　しかし、このような需要が出てきたからとて、その産業としての絶対数は、今日では壊滅的と言えるほどに減少してしまっているのです。

　伝統的な技術に裏打ちされた、どんなに優れた素材であっても、経済競争原理なのだからと言って、単に売上や収益だけを、その商品・製品の価値であるとすれば、いずれは消滅してしまうのです。

　「全国手漉き和紙連合会」によれば、現在日本で和紙を漉いている家はわずか２９５戸。２０世紀の初め、１９０１年には６万８５６２戸だったので、１００年あまりで２３０分の１に減った計算になります。

　そして今なお、減少のペースは加速を続けており、このままでは１０年もすれば１０戸程になってしまいます。当然、総生産額もずいぶん小さくなってしまっています。

　経済産業省の集計によれば、紙の国内販売総額は２００７年に２兆１５３３億円であります。そして、全国手漉き和紙連合会の発表では、和紙としての販売総額は概ね国内の販売総数の０.１～０.３％とも言われています。

　しかも、その数字すら、純然たる「和紙」だけでは無いようなのです。そもそも、「和紙」の定義は、意外とあいまいなのだという事です。

　和紙という言葉は、明治時代に海外から新種の紙が入ってきて、それを洋紙

と呼んだ事に対して、昔から日本にあった紙を和紙と呼ぶようになったのです。

　紙の起源は、古代エジプトのパピルスと言われており、日本の和紙は聖徳太子の時代にコウゾの植物繊維を水に溶かして薄く漉きあげたもので、主に写経や戸籍の記録に使われていたようです。

　和紙の特徴は、とにかく耐久性に優れていることです。かつて建築図面には鉛筆の乗りがよく、青焼きコピーが取れ、竣工図を長期に保存する事の出来る美濃紙がよく使われたそうです。

　また、洋紙は漂白のため化学薬品を使うので経年により黄ばむが、和紙は光に当たると白くなり、時間とともに趣が増すともいいます。
　和紙の持つ、この耐久性と経年により白くなる特徴は、文字などの記録だけでなく、障子やふすま等の日本の建築建具に活かされています。

　しかしながら現在では、あまたある和紙の中でも、古来の材料、製法をそのまま踏襲してつくられる紙は、皆無に近いそうなのです。

　そもそも、洋紙の特徴は、木材から抽出したパルプを原料に、機械を使っての大量生産にあり、和紙はパルプを使わない手漉きの紙なのですが、手漉き和紙連合会が把握している生産規模は、機械で紙を漉いている場合も、その速度が一定値以下の場合は手漉きとみなしているとの事です。

　確かに、洋紙の洗礼を受けた日本の紙が、その洋紙の良さを取り入れて変わっていくのであれば、古来製法にこだわらなくとも良いと思います。

　新製法で同等の紙ができるのならば、自然な成り行きというしかないので

すが、残念なことに「同じような紙」はできても「同等の紙」はできないのだそうです。

> 　１０００年持つ（年を重ねて白く風合を出す）と言われる和紙が、年数とともに黄色く変色する洋紙に寄せていく技術（ノウハウ）の変容は、大変に残念なことです。

　このような**「質の良い商品を提供している小規模企業が、承継されずに消えていくケース」**を招く原因は、やはり、その商品の持つ強み・特性を生み出すための「知恵・工夫・経験」の価値よりも、量産による収益率の価値が勝るとの考え方にたどり着きます。

　１９世紀半ば（日本での江戸時代後期）になって欧州では、木材からパルプをつくる手法により、和紙と比べて圧倒的に安く紙をつくるシステムが確立しました。和紙の良さは、簡単には破れない強さや、長期にわたって傷まない保存性の良さ、独特の肌合いなどにありますが、それらは、植物の皮から人手で採取した繊維を、独特な手漉きの技法で加工する製造方法によるものなのです。

　樹皮が含む繊維は長く、手漉きによってよく絡むため、強靭な紙ができるのだそうです。１０００年も持つとされるのは、製造工程の中で繊維を傷めにくく、且つ、添加物が少ない為です。

　洋紙の作り方は、和紙とは対照的とも言えます。洋紙の原料であるパルプは、機械や化学薬品によって木材から抽出するので、歩留まりは高いが繊維はどうしても傷む事となります。

　その代わり、洋紙は極めて安価であり機械や薬品による表面処理で、光沢

度や平滑性は高く、印刷も容易であり、添加物や処理方法を変えれば、色々な紙を設計することも可能なのです。

　このように、和紙の持つ強みと洋紙の持つ強みは全く別の土俵（用途・使途）で評価されるモノであったのですが、和紙の側は機械化や材料の工夫で対抗する事を選択しました。

　結果は、所詮は相手の土俵の上での勝負であり勝ち目は無かったのです。

　この事からも、筆者は和紙側が洋紙に対抗すべき対策としては、本来、これまで培ってきた技術やノウハウを商品価値へ転嫁できる手段への模索が必要であったように思われてなりません。

　しかし、和紙側がそのような選択をしなかった理由は、やはり、和紙の手漉き技術やノウハウとしての強みを過小評価した訳では無かったとしても、それこそ、【強み】としての正当な価値評価が出来ていなかった事にあると言わざるを得ません。

　このような、日本でのノウハウやアイディアが評価されにくい環境に対して、良く「アメリカでは、新規ビジネスやイノベーションが起こりやすい。」

　アイディアや、そのアイディアに対する「有望性・将来性に資金が付いてくる環境が醸成されている。」との話を耳にする事が有ります。

　しかし、正直、日本のそれとどれほどの差があるのかまでは、漠然と「大きな差があるのだろう！」程度での理解のように思います。

## 5．既存のビジネス ＞ 新規のビジネス

２０１４年４月９日・１０日の２日間、東京で行われた一般社団法人 新経済連盟（代表理事　三木谷浩史）の主催による「新経済サミット２０１４」が開催されました。

そのサミットで紹介された「なぜ？シリコンバレーばかりに人が集まるのか」と題してのパネルディスカッションでは、「２０１１年の日本のベンチャーキャピタルの投資額１２４０億円に比べて、米国は**３兆円**近くあり、この力がベンチャー企業を引きつけている。」と**約３０倍近い差である**事が報告されていました。

また、別の報告では、２０１４年米国全体で約６兆の投資用の準備資金があり、その約半分がシリコンバレーに集中しているとの事です。

また、「Googleなどシリコンバレーのベンチャーは米国GDPの２１％を占める事や、Facebookなどの代表的ベンチャーの時価総額は２３兆円、日本のヤフー、楽天などを合わせても９兆円。これにGoogleやamazonを加えた場合は１０１兆円となり、日本のトヨタ、ソフトバンクなど上位１０社を足してもかなわない。

また、このほとんどの企業がシリコンバレーのベンチャーから誕生しており、「住民人口がわずか３００万人にも満たないシリコンバレーに、上位３社で時価総額１００兆円というありえない集積度である。」という報告がなされていました。

このような報告を受けて、再度、日本での起業環境のハードルの高さを見ると緊急な対策が必要であると感じてしまいます。

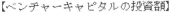

また、起業率の低さだけでなく、仮に起業を行う場合でも、その起業の業種・業態に於いて、金融機関・投資家などのアイディア（ノウハウ）への評価の低さから、新規性の高いビジネス（今までに無いようなビジネス）ではスタートできない状況となっているのです。

競合の多いビジネス（安定した業界・業種）での起業を招く事になってしまっているのです。
結果、起業後3年以内の廃業率も相当に高くなってしまっています。

　競合の多いビジネスとは、当然に成熟した業界でありますから、製品や商品に於いても、一定の基準やランク付けによる価格形成も出来上がっている業界であります。

　そして、その業界で「まだ世の中に出ていない商品」とは、多くの場合、既に商品化されての後、「ダメ」であった商品だから、一般的に「まだ世に出ていない、知られていない」と思われているケースが多いのです。

　また、そのような業界への新規参入では、過当競争による厳しい価格競争が大きな壁となる事は、容易に想像できます。

　そして、資金力に乏しい新規事業者では、１年も体力が持たないケースが起こるのも、ある意味、当たり前の事なのかもしれません。

1　小規模企業の現状と課題そして減少傾向　　45

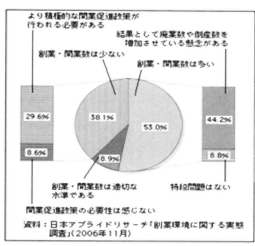

左図で、５３％もの割合を占める「創業・開業数が多い」と考える人の意見には、

『既存の市場には新たな企業が参入する余地は少なく、過当競争に陥らざるをえない。』
との思いが背景にあると思われます。

創業希望者は、新たな市場やニーズの開拓が必要であり、創業の高いハードルとなっている可能性があります。

資料：株式会社日本アプライドリサーチ研究所
「創業環境に関する実態調査」（2006年11月）

出典：中小企業白書2007年

　これを単に、創業に向けての市場調査の甘さや、計画の弱さといった準備不足による為と片付けてしまう事には、筆者は些か疑問を覚えます。

　確かに、起業後に僅かな期間での廃業に追い込まれるケースの場合、起業家の甘さ（安易な流行のビジネスへの開業）が無かったとは言い切れません。

　しかし、そもそもが、「既存のビジネスしか起業に向かない、社会的・経済的な環境」にも大きな問題があると見るべきなのです。

　小さな会社の「仕組つくり（ノウハウ戦略）」を通じて、無形の資産である「ノウハウ」そのものの価値が認められるような経済環境が整えば、当然、新規のビジネスモデルでの起業（イノベーション）を促す事となります。

また、小さな会社の最も弱いとされる「資金調達力」に於いても大きな変化が見込まれます。(本書の最後に「仕組つくり（ノウハウ戦略）」からの資金調達にて触れさせて頂きます。)
　その意味においても小さな会社の「仕組つくり（ノウハウ戦略)」は、国策として取り組まれるべき課題であると言えます。

　先にも少し触れましたが、「イノベーション」についても、『それまでのモノ・仕組みなどに対して全く新しい技術や考え方を取り入れて新たな価値を生み出して社会的に大きな変化を起こすことを指す。』であるなら、小規模企業が持つ「ノウハウ」の仕組み化は、早急に取り組むべき課題と言えるのです。

　イノベーション＝技術革新だけでは無いのです。今までにある「仕組み」の組み合わせや並べ替えであっても、社会に「便利である」「魅力がある」と思われるモノであれば、十分に新たな価値であり、イノベーションなのです。

　小さな会社の持つ「ノウハウ」そして、その仕組み化された「フローチャート」や「マニュアル」と言った目に見えるモノが多ければ多い程、その組み合わせや並べ替えからのイノベーションが生れるのです。

> 「小規模企業が事業を継続する為に！」は、私たちの子供や孫の世代での日本の経済や社会を見据えた時、「小さな会社の社長さんが、一人で抱えている悩み」では片付けられない時代になって来ているのです。

　以上の通り、企業数の減少傾向、特に小規模企業における「廃業率の増加」の要因の一つとして、「**ノウハウの流出**」があり、「起業率の低下」では、「**ノウハウの評価の低さ**」が挙げられます。

厳密には、「廃業率の増加」も「起業率の低下」においても「ノウハウ」と呼ばれる目に見えない無形の資産に対して、我が国での評価の低さが、根本的な問題であると考えます。

確かに、国民の意識や社会観を一気に変える事は難しい事です。
しかし、今のままでは、本当に近い将来、世界から日本が取り残された国になる可能性がある事も否めません。

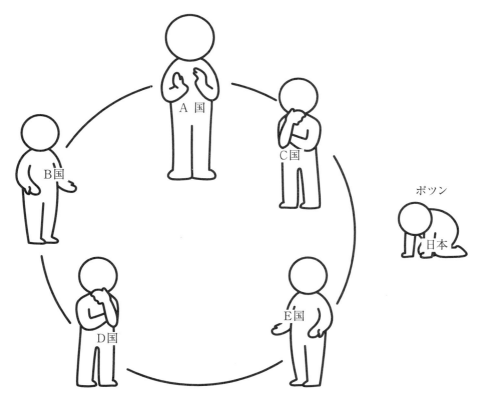

次章では、この「ノウハウ」の流出と評価について述べさせて頂きます。

## 2 「ノウハウ」の流出と評価について

1．「ノウハウ」流出の防止と「営業秘密管理指針」

中・小規模企業の「ノウハウ」の流出防止策として、不正競争防止法による「営業秘密」の管理があります。

「営業秘密」とは、以下の3要件を全て満たすものと規定されています。

---
不正競争防止法における営業秘密の定義（第2条第6項）

①秘密として管理されている　**[秘密管理性]**

②生産方法、販売方法その他の事業活動に有用な技術上又は営業上の情報　**[有用性]**

③公然と知られていないもの　**[非公知性]**

---

上記の3要件の中でも最も重要視されているのが「秘密管理性」であります。

この営業秘密の管理性については、これまでの裁判等の流れでも相当に厳格な要件が求められてきました。

筆者は、この「秘密管理性」の厳格な要件は、確かに必要ではありますが、**過度に厳格性を求めすぎると実効性の無い、むしろ小規模企業では、弊害ともなり兼ねない**との思いを持ちます。

これまでの裁判に於いても、秘密管理性として求められる設備的な要件や物理的管理・技術的管理などの不備を理由に「営業秘密」として認められないケースが多くあります。

　この事から**「営業秘密となるのは、大手企業のような相当に優れた「ノウハウ」しか対象にならない。」**といった風潮を醸成したようにも思われます。

　そして、そのような環境から、ややもすれば「小さな会社の「ノウハウ」などは、大した権利でもなく、守りようもない。」といった考えが生れ、広まったのではと考えます。

　実際、「経営戦略に関する情報」、「管理に関する情報」、「顧客に関する情報」、「営業に関する情報」、「技術に関する情報」を、しっかり「営業秘密」としての管理を行う企業は、規模が小さくなればなる程、少なくなるとの報告もなされています。

　筆者が小規模企業と「営業秘密」についてのお話しをさせて頂くと、「**うちのノウハウなんて、そんなに凄いモノじゃないから、また、いくら誓約書や契約をしても、どうせ真似られたり盗られたりするから仕方ないでしょ**」といった声を本当に多くお聞きします。

　このような状況を改善する事を目的として、現行の「秘密管理性」の要件への厳格性を見直す方向で、国として、次のような改正を行いました。

　経済産業省が、作成する【営業秘密管理指針】が、このほど<u>平成２７年１月２８日に全部改定</u>され、公表されています。

同指針では、以下のように 〇改定の経緯 〇管理水準を示しております。

〇（改訂の経緯）
□本指針は、「企業が営業秘密に関する管理強化のための戦略的なプログラムを策定できるよう、参考となるべき指針」として平成１５年１月に策定された「営業秘密管理指針」を全面的に改訂したものである。

□改訂に当たっては、「知的財産推進計画2014」（平成２６年７月知的財産戦略本部決定）で、「一部の裁判例等において**秘密管理性の認定が厳しいとの指摘**や認定の予見可能性を高めるべきとの指摘があることも視野に入れつつ、営業秘密管理指針において、法的に営業秘密として認められるための管理方法について、**事業者にとってより分かりやすい記載とするよう改める**」と記載されたことを踏まえ、産業構造審議会知的財産分科会営業秘密の保護・活用に関する小委員会において議論いただいた。

〇（指針で示す管理水準）
□改訂前の指針は、営業秘密に関する不正競争防止法の解釈のみならず、情報管理に関するベストプラクティス（最も効率の良い手法）及び普及啓発的事項をも含んでいた。

□この点、本指針は、不正競争防止法によって差止め等の法的保護を受けるために必要となる**最低限の水準の対策**を示すものである。漏えい防止ないし漏えい時に推奨される（高度なものを含めた）包括的対策は、別途策定する「営業秘密保護マニュアル」（仮称）によって対応する予定である

※<u>【営業秘密管理指針】</u>は、経済産業省のＨＰよりダウンロード出来ます。

上記の通りこれまでの指針では、中小・ベンチャー企業等の小規模企業において、どの程度の措置を行えば「営業秘密」として法的保護を受けるのか

が不明確であり、分かりづらいものとなっていました。

　新指針は、このような指摘を受け、「秘密管理性」について、次のように述べられています。

【秘密管理性について】
　秘密管理性要件の趣旨は、企業が秘密として管理しようとする対象（情報の範囲）が従業員等に対して明確化されることによって、従業員等の予見可能性、ひいては、経済活動の安定性を確保することにある。

　○（営業秘密の情報としての特性）
　□営業秘密は、そもそも情報自体が無形で、その保有・管理形態も様々であること、また、特許権等のように公示を前提とできないことから、営業秘密たる情報の取得、使用又は開示を行おうとする従業員や取引相手先（以下、「従業員等」という。）にとって、当該情報が法により保護される営業秘密であることを容易に知り得ない状況が想定される。

　○（秘密管理性要件の趣旨）
　□秘密管理性要件の趣旨は、このような営業秘密の性質を踏まえ、企業が秘密として管理しようとする対象が**明確化**されることによって、当該営業秘密に接した者が事後に不測の嫌疑を受けることを防止し、従業員等の予見可能性、ひいては経済活動の安定性を確保することにある。

　また、これまでのように「相当に高度な秘密管理」を要求しなくなった理由について、次のように説明されています。

> □現実の経済活動において、営業秘密は、多くの場合、それを保有する企業の内外で組織的に共有され活用されることによってその効用を発揮する。
>
> 　企業によっては国内外の各地で子会社、関連会社、委託先、又は、産学連携によって大学などの研究機関等と営業秘密を共有する必要があるため、**リスクの高低、対策費用の大小も踏まえた効果的かつ効率的な秘密管理の必要があること。**
>
> □営業秘密が競争力の源泉となる企業、特に中小企業が増加しているが、これらの企業に対して、「鉄壁の」秘密管理を求めることは現実的ではない。
>
> 　仮にそれを求めることになれば、結局のところ、法による保護対象から外れてしまうことが想定され、イノベーションを阻害しかねないこと。
>
> □下請企業についての情報や個人情報などの営業秘密が漏えいした場合、その被害者は営業秘密保有企業だけであるとは限らないこと。

　これらは、小規模企業にとっては大変素晴らしい改定の趣旨であると思います。

　何よりも、今回の全面的な改定で最も注目されるのは、「営業秘密」として法的保護を受ける為の措置が小規模企業に於いても十分に行えるようになった事です！

　即ち、「小さな会社のノウハウを守る為に」が、基本に据えられている事なのです。

これまでの裁判例分析によれば、従来の理解では不正競争防止法が定める秘密管理性要件は「アクセス制限」と「客観的認識可能性」が必要であるとされてきました。

　そして、この「アクセス制限」と「客観的認識可能性」のハードルは中・小規模企業にとっては相当に高い要件が求められていました。（システムやセキュリティー等での大きな管理費用が必要となる）

　これに対し、新指針では、秘密管理性の要件は、「営業秘密」がちゃんと分かるように区分されている事（**合理的区分**）。

　会社として管理している事を従業員にしっかりと分かるようにしておく事（**認識可能性**）で足りるとなっています。

① **合理的区分**とは、これまでのように雇用契約書や秘密保持契約書などの条文に「知り得た一切の情報を・・・」と書いてあるだけではダメですが、「極秘」「秘」「社外秘」などの表示を行った、形のあるマニュアル等の文書として区分している事。また、秘密管理規定などを作り、その規定に準じた職務・組織の体制を取り決めている事。

② **認識可能性**とは、上記の表示や就業規則や職務規定等の文書を従業員が認識できる状態にしておく事。定例的に「営業秘密」に関する社員研修等を行っている事など。

　小規模企業にとって、この新指針の求める上記①②の要件を満たす事は、これまでのように、高いハードルでは無くなったのです。

「営業秘密管理」って 難しくないのかなぁ？ そもそもウチに「営業秘密」にするような凄いノウハウってあったかなぁ？

大丈夫ですよ！ 仕事のやり方・方法には、必ず「知恵・工夫・経験」があります。それを「フローチャート」や「マニュアル」にするだけで、十分に会社の「営業秘密」として管理する価値はありますよ！

【営業秘密管理として、企業がすべき事】は、
〇「ノウハウ」を見える形にする。
〇その管理者を決め、その「ノウハウ」の使用状況を管理する。
〇その事を社員に分かるように伝える、周知する。という事です。

　このような取組みは、「ノウハウ」を権利として保護し、その流出を未然に防ぐ事になります。

　しかし、そのこと以上に小規模企業でも取り組む事の出来る「営業秘密管理」によって、これまでのように**うちのノウハウなんて、そんなに凄いモノじゃない**との見方そのものが、間違いなく変わる事に大きな意味があるのです。

　本人にとっては、既に当たり前となっている「ノウハウ」をあらためて見直す事で、その価値に気付く事が本当にたくさんあるのです。

自社の作業の流れを【フローチャート】として、書出し管理する。そして、その作業の生まれた理由やきっかけとなる出来事、その問題解決に向けて考え出した方法や注意事項などを整理する。

　このように整理して文字化・数値化された事で、はじめて【マニュアル】が作られ「**営業秘密**」として管理することが出来るのです。

　そして、「<u>**自社の守るべき大切なノウハウ**</u>」である事、資産である事をあらためて知る事が出来るのです。


## ２．「ノウハウ」の金融機関・投資家評価

　適切に管理された「ノウハウ」は、銀行等の金融機関やベンチャーキャピタルやエンジェルと言った投資家の企業評価では、どのように影響するのでしょうか？

　町の小規模企業が一番気になる、金融機関が行なう企業評価について、簡単にご説明させて頂きます。

　金融機関が行なう企業評価としては、「定量評価」と「定性評価」と呼ばれるものがあります。「ノウハウ」は、後者の「定性評価」にあたります。

　一般的に都市銀行の評価の内容は、ほぼ　１００％を定量評価で決定しますが、地方銀行だと**定量評価　７０％・定性評価　３０％**、信用金庫になると**定量評価　６０％・定性評価　４０％**程度といわれています。

因みに「定量評価」とは、いわゆる決算書データによる評価の事です。
　そして、金融機関では、この決算書の数値をそのまま評価ソフトに入力して評価します。

　評価ソフトは、財務スコアリングモデルといわれる評価基準に基づいて会社さんを自動評価します。そして、次の6つのタイプに評価されます。

---

① **正常先**　　：　業容が良好であり、財務内容にとくに問題がない会社。
② **要注意先**　：　財務内容に問題がある会社。延滞をしていたり、貸出条件に問題があったりする会社も該当します。
③ **要管理先**　：　要注意先は、一般の注意先と、要管理先にさらに分けられます。3ヶ月以上延滞したり、条件緩和を行ったりした場合は要管理先とされます。
④ **破綻懸念先**：　実質債務超過の会社で、経営破綻に陥る可能性が高い会社。6ヶ月を超えて延滞している会社も該当します。
⑤ **実質破綻先**：　実質的に経営破綻に陥っており、実質的に大幅な債務超過の状態に相当期間、陥っている会社。
⑥ **破綻先**　　：　法的・形式的に経営破綻している会社。

---

　通常、金融機関では、③要管理先以下の会社では、お金は貸してもらえません。

　そうなのです、決算書のデータをソフトが評価して、会社さんへの融資をするかしないかが決められるのです。

　この段階で会社を担当する銀行員さんの意見は、全く評価に反映されないと言っても良いかと思います。

つまり、「ノウハウ」を対象とする「定性評価」は、融資判断において、ほとんど反映されない仕組みなのです。

　では、いつもの銀行の担当者さんが会社を訪問して、景気や今後の見込や会社さんの取り組もうとしている色々な話をしている事は、どう評価されているのでしょうか？

　勿論、担当者さんが只々、世間話をしに来ている訳ではありません。

　彼らは、融資判断の材料となる会社さんの強みを聞きたいと思っています。そして、その強みを融資決定に於ける稟議書に書き込む事が仕事なのです。

　但し、その場合の稟議者は、①正常先の会社さんに限っての、融資の枠を大きくしたり、融資条件を良くする為に使われている場合が多いのです。

　このような企業融資の状況を改善すべく、金融機関の主務官庁である金融庁からは、企業の定性評価を重視した「融資担当者による会社さんへの積極的な聞き取りや分析を行い評価する事が望まれる。」といった提言が、幾度となく出されております。

　結果、地方銀行や信用組合では、②要注意先についての融資判断として使われる事も増えて来ています。

　**特に、国のいわゆる政府系金融機関である日本政策金融公庫に於いては、「定性評価」に重点をおいての評価が実体的になされています。**（本書第9章「仕組つくり（ノウハウ戦略）」に於ける資金調達にて、書かせて頂きます。）

いずれにせよ、銀行等の金融機関に「ノウハウ」を高く評価して貰う為には、融資担当者さんのスキル頼みだけで何とかなるものではありません。

やはり、「ノウハウ」が見えない、分からない事が大きな課題としてあるのです。

そもそも、目に見えにくい会社さんの定性面については、会社さん側の積極的な「見えるように、分かるようにする取り組み」即ち、ノウハウの仕組化が無ければ、先ほどのソフトによる評価だけでの融資判断になってしまうと考えられます。

社長が1時間かけて、一生懸命に自社の【強み】を説明したとしても、銀行の担当者さんが、それらを稟議書にまとめる事には限界があるのです。

小規模企業自身が、自社の持つ【強み】を、その「ノウハウ」を、見える化や権利化・保護化をしなければならないのです。

　例え、それが自社での日常業務を図示しただけのフローチャートであったとしても、その作業の流れの中にある自社独自の工夫や知恵をフローチャートの箇所を示して銀行の担当者さんへ説明する。
　また、自社の「営業秘密」である事を担当者さんへ告げて、「融資に於けるエビデンス資料としてのみ使用する。」を記した簡易な「秘密保持契約書」でも良いので、担当者さんへ押印を求めた後、融資の稟議書への添付資料として、フローチャートのコピーを渡す事が大切なのです。

（フローチャート）

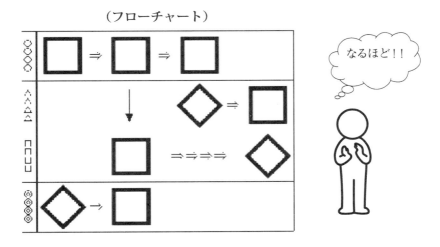

　では、次に投資家による「ノウハウ」評価について、お話しさせて頂きます。

　投資家と呼ばれる方達が、投資対象として評価できる「ノウハウ」とは、単なる「アイディア」や「やり方・方法」といった「ノウハウ」ではありません。

一般的なベンチャーキャピタルでいう出資に結びつく「ノウハウ」とは、いわゆる製品や商品又は製造技術などの特許となる知的財産権の事になります。

　つまり、投資家さんが扱う「ノウハウ」とは、本書でいうところの「町のラーメン屋さんのレシピ」のような「知恵・工夫・経験」ではないという事です。

　特許等の知的財産権として排他的な独占権を持ち得る事の出来る突出した発明等のアイデアを「ノウハウ」と呼んでいるのです。

　しかし、小規模企業での特許権による製品・商品に対しての知財戦略・営業戦略は、現実問題として、あまり有効でない場合があります。

　それは、先にも述べましたが特許法では、その技術や製法が公開されることを原則としているからなのです。

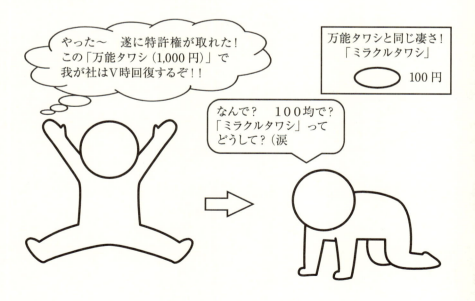

特許が公開を原則としている理由は、特許法1条（目的）で以下のように規定されています。

> （目的）
> 第一条　この法律は、発明の保護及び利用を図ることにより、<u>発明を奨励</u>し、もつて<u>産業の発達</u>に寄与することを目的とする。

特許法は、発明の奨励と産業の発達の２つを目的としているのです。

つまり、**特許権による発明者の権利も守るが、産業を発展させる為にその特許の内容を公開する事で、新たな改良発明が生まれ、相乗的に産業が発達する。**ことを目的に考えられている権利なのです。

この為、製品・商品での特許取得をした場合、小規模企業にとっては、決して「大きな権利」とは言えないのです。

小規模企業が社運をかけてと頑張って、その商品や製品の特許権を取得したとしても、実際にその商品・製品が事業の継続を支える柱として、主力商品となり続ける事が約束される権利では無いのです。

単に、今ある製品・商品の権利が守られるだけで、直ぐに市場に現れるであろう類似的な商品にまでは、その権利が及ばないのです。
**（但し、その製品がオンリーワンの技術で、且つ、長期間の主力商品となる場合は別です。）**

産業の発達の為に特許を公開原則としているのは、その<u>特許の内容を基に新たな商品や製品が市場に生まれる事</u>を期待しているからなのです。

つまりは、新たな改良発明が他社からも次々と生まれる事での<u>産業の発達</u>

を目的の一つした法律でもあるという事なのです。(「磨練る」を推奨した法律)

即ち、自社の今ある製品の権利を取得するだけでは足りず、絶えず新製品の開発に向けての開発努力と多額の研究費を用意する事が必要になるという事でもあるのす。

この事からも、大きな資金力を持ち、色々な商品や製品の量産出来る施設を有する大手企業が、多くの研究費や期間を費やして、新製品・新商品を打ち出す上での「知財戦略」としての特許を初めとする知的財産権の取得には、大きな意義があります。

しかし、小規模企業では、当然、そのような多くの製造チャンネルやライン、研究・開発部門を維持する事は、資金的にも規模的にも困難であります。

その意味から、小規模企業は、一般的な「知財戦略」では無く、自社の持つ知恵・工夫・経験により培われた「CKK資産」を活用した「ノウハウ戦略」が必要であると言えるのです。

---

自社の開発した「商品・製品そのものの権利を守る知財戦略」ではなく、その商品・製品を生み出した「自社の持つ知恵・工夫・経験を仕組化し、且つ、権利化・保護化する。」
と言った「仕組つくり(ノウハウ戦略)」が必要なのです。

---

（補　足）

　中・小規模企業に於いても特許や実用新案・意匠などの知的財産権による戦略が必要なケースはあります。ここで少し、その場合に於ける「営業秘密」の位置付け等の考え方をご紹介させて頂きます。

　ある発明に特許性が認められる場合、これを特許として保護すべきか、それとも「営業秘密」として保護すべきかの検討では、まず、特許としての保護を受けるためには、特許庁への出願をしなければなりません。
　そして、この出願に際しては相当の時間と費用を要する事を検討する事が必要です。

　また、出願前にすべての先行技術を事前に調査することは、現実的には不可能である事から最終的に、必ず権利として成立するといった保証はない事と、出願書類が公開された時点で、そこに含まれる情報は公知となってしまいますから、仮に特許が成立しなくても**「営業秘密」としての保護の可能性も、併せて失われてしまう事**を理解しておかなければなりません。

　なので、他人が同一または類似のものを近い将来、独自に開発できる可能性が少なく、製品からのリバース・エンジニアリングなどの方法により「営業秘密」を抽出することも困難であると判断されるケース（ソフトウエアに組み込まれた発明など）は、特許に因る保護・権利化が望ましいと考えられます。

　しかし、当該技術が世の中で陳腐化するスピードが速く特許が成立するころには、すでに発明の商業的価値の大部分が失われている可能性があると考えられる場合などは、「営業秘密」としての保護が検討されるべきであります。

　また、ある発明について特許を出願しても、それに関するテクノロジー

のすべてが開示されるわけでは必ずしもありません。

　たとえば、発明の具体的な利用方法やプロセスに関するノウハウ、発明に基づき製品を製造するために必要な装置に関する情報などを、特許を出願した発明とは別に「営業秘密」として留保する事もあります。

　ただし、特許法では、特許の出願書類における開示が不十分であるとして出願が拒絶されるおそれもあるため、この点は弁理士等の専門家による慎重な判断が必要となります。

　ここまでの話のとおり本書でいう「仕組つくり（ノウハウ戦略）」は、特許のような　**優れた発明**　を必須としたノウハウ戦略ではありません。

　「どこの会社さんにでも必ずあるＣＫＫ資産（知恵・工夫・経験）を活用する」としたノウハウ戦略でありますから、現時点での融資・投資としての評価が決して高いわけではありません。

　しかし、１章で述べたとおり、我が国の抱える「企業の廃業率増加」「起業率の低下」とした憂慮すべき状況に於いてのキーワードとなるのは、やはり**小さな会社の「ノウハウ」**である事に間違いありません。

　日本企業の技術力やサービスは、世界に誇れる水準であるにも関わらず、小さな会社の「ノウハウ」は守るべき資産として、これまで大して注目もされてきませんでした。

　ましてや、「ノウハウ」そのものを権利化や保護化する事で資産化するといった取り組みは、皆無に近い状況でした。即ち、**小規模企業の「ノウハウ」は、未だ全く手つかずの「金の鉱脈」**と言えるのです。

だからこそ、小規模企業が、これまでに当たり前と思ってやってきた仕事の中に埋もれている「知恵・工夫・経験」をほんの少し掘り起こし、仕組化としてフローチャートやマニュアルを作るだけでも、間違いなく「金の鉱脈」を掘り当てる可能性があるのです。

 そして、意外にも新たな業態への発展に繋がるケースは決して少なくないのです。

 少なくとも業務の効率化は、確実に図られます。そして、大きな事業展開へと繋がる事への「可能性・期待」の持てる楽しみな取組みなのです。

> 小さな会社の「仕組つくり（ノウハウ戦略）」は、日本の未来を変える事の出来る取組みであると言えるのです。

　そして、筆者は、その小さな会社の「ノウハウ」は、当然に融資や投資の対象となるべきものであると確信しています。（第９章の「仕組つくり（ノウハウ戦略）」による資金調達で述べさせて頂きます。）

## 3　「仕組つくり（ノウハウ戦略）」のはじめ方

　小規模企業へ「自社の持つ「ノウハウ」の見える化や権利化・保護化が、事業の継続・承継にはとっても大切な事です。」とお話しさせて頂くと、「うちは、日々の売上や経費のやりくりで精一杯だから、何よりも、まずは売り上げを上げる為の取り組ならば検討もするけど、事業の継続や承継問題については、事業がもっと大きくなって、収益の改善が出来てから考える。」との回答を聞く事がしばしばあります。

　しかし、「ノウハウ」の見える化（仕組化）や権利化や保護化という作業は、本当に後回しでよいのでしょうか？

　筆者は、これまで多くの小規模企業の売上・収益の改善や拡大を目指しての戦術や戦略としてのお手伝いもしてまいりました。
　だからこそ言えるのです。勿論、売上を伸ばすための取組みが必要である事には間違いありませんが、必ずしも「その売上・利益がまず先にありき」では無いと言い切ることが出来ます。

　そもそも、【事業の持続化】と【売上・収益の改善】は、相反するものではないのです。

　一般的な経営戦略で、小規模企業の経営者さんが「売上を伸ばすために！」として取り組まれる場合、同業他社さんと比べて自社の商品・サービスの販売価格や売り方をどうすべきか？　インターネット等での販売方法や新しいシステムは？　顧客ターゲットはどこにおくのか？
　などの**社外環境の調査、未来に向けての分析や見込に重点を置いた戦術**となりがちです。

しかし、「自社の持続力の安定化を図るために！」としての取り組みでは、まず、**社内環境の調査や過去の分析・時系列での整理**に重点を置いた自社の持つ「ノウハウ」の「掘起し作業」から取り掛かります。

　〈余談〉

> 　戦略と戦術の違い：戦略とは、小さな会社の最も優位性のある状態を維持・継続する事をゴールとしたビジョン・目標であり、戦術とは、戦略の一部として個々の目的を達成する為の手段や方法を選択する為の工夫であります。
> 　つまりは、「戦術の無い戦略は、ビジョンだけの絵に描いた餅」「戦略の無い戦術は、未来の無い戦い」と言えます。
> 　経営とは、戦略を立てて、戦術を駆使する事が原則となるのです。
> 　そして、戦略の為には、まず自社のもつ強み（武器）を正確に把握する事が何よりも優先されるのです。（体質改善：経営改善）
> 　即ち「人的資産の構造資産化」は、自社を継続力のある会社へと体質改善を図る事を目的とした戦略という事です。

　まず、取り組むべき事は、【人的資産の構造資産化】であります。
　即ち、知恵・工夫・経験の仕組化（見える化：文字化・数値化）そして、その権利化・保護化なのです。

　その時に、キーワードとなるのが、「**知恵・工夫・経験**」です。
　その中身は『ノウハウ』と呼ばれるモノが大半で、目に見えない、見えにくいモノでもある為、「ノウハウの見える化」が必要なのです。そして、次に「ノウハウの権利化・保護化」を図ります。

　この権利化・保護化が図られる事で、企業としての持続力の担保となるのです。それは、収益の拡大から事業の発展へと繋がる経営の流れであります。

## 3 「仕組つくり（ノウハウ戦略）」のはじめ方

　これまでの「売り上げ向上」「販路の拡大」に主眼を置いたコンサルティング支援として、よく行われる戦術に「ネット販売へのビジネス展開」があります。

　そして、便利なシステム（買い物カゴ・課金・ポイント etc）やフェイスブックやブログの活用、綺麗な商品の見せ方といった手法の戦術提案がなされます。
　勿論、これらの戦術をうまく取り入れて、経営改善を図る事に問題があるわけではありません。

　しかし、筆者の経験から、ハッキリと言えるのは「売る為の新しい手法」として、ただ単に、今流行の売り方や見せ方を取り入れたから、取り入れただけで結果が出た！というケースは無いという事です。

　新しい手法や流行は、確かに目新しいもので、その為のアイテム（チラシ・ＨＰ・決済システム・ポイント制度）も華やかで素敵ではありますが、結果に結びつく事は本当にまれであります。

　逆に、その為の導入費用等（多くは借入れ）が小規模企業にとって大きな負担となり、最悪の場合廃業になることもあります。

　「人的資産の構造資産化」を「仕組つくり（ノウハウ戦略）」として、持続的発展を中心に据えた経営戦略で考える時には、「新しい売り方」「便利なシステム」**（社外環境と未来分析）**は、一先ず後回しにしましょう。

　まずは、これまで事業が継続出来てきた事の理由を探す事（**社内環境と過去調査**）から始めます。

　では、ここで簡単に、そのような流れを町の小規模企業で考えてみましょう。

例えば、地域のお客さんからの人気や信用がそこそこある、昔からの小さな八百屋さんを思い浮かべてみて下さい。

取りたてて他の八百屋さんと違った品揃えや売り方でも無く、店舗もごく普通の八百屋さんです。

ただ、40年近く地元の商店街で頑張ってこられた八百屋さんです。
そして、大将いわくは、「ウチは、真面目な商売をしてきているので、お客さんからは、そこそこの人気や信用だけはある。」とのことです。

ではまず、この目に見えない「人気や信用」の中身から考えて行きましょう。

**第1ステップ**
　人気の理由：大将の人柄（<u>明るい</u>・<u>話しやすい</u>・面白い・真面目）、<u>野菜が新鮮</u>・<u>安い</u>。
　信用の理由：大将の地域での活動（町内会の世話人：几帳面・真面目）、<u>野菜が新鮮</u>。
　　　　※次に、明るい・話しやすい・安い等の理由を掘り下げる。

**第2ステップ**
　明るい：大将の性格。話しやすい：コミュニケーション力＋α（<u>顧客情報量</u>）。
　面白い：大将のセンス＋α（<u>顧客情報量</u>）。真面目：新鮮で良い野菜（<u>知識</u>）。
　野菜が新鮮：卸売市場で顔が広い。（業界情報・知識・経験）
　安い：毎週、特売野菜を十分な量で提供している。
　　　　※次に、情報量・知識等の理由を掘り下げる。

ここまでのステップから、安くて新鮮な野菜をお客さんに提供できて来た

仕組みを、知識と情報の組み合わせとして、具体的にどのようなサービスをしていたかについて、大将の【気付き】を少しご紹介します。

> ●「先取り」により安くて良い商品を多く仕入れる。
> ※「先取り」卸業者による競り前に市場に行き、ここ数日の天気や野菜の出荷状況、他の八百屋さんの仕入れなどを見て、「これは安くなる！」と見込んだ品物を競りにかかる前に大量に先取りする事。【知識・経験】
>
> ●一人暮らしのお客さんや一緒に暮らすお年寄り用の野菜の必要なお客さんには、袋詰めをばらして１本売りをしてあげる。（情報）
>
> ●入学・卒業・誕生日等々のイベント日が近いお客さんへは、さりげなくサービスを付ける。（情報）
>
> ●採れたての新鮮な野菜であっても何日か寝かせてからの方が美味しく（糖度が上がる）なる。「野菜には採れ時、食べ時、買い時があります。採れてすぐ食べた方がよいものもあれば、食べない方がよいものもある。」事をお客さんに教えている。（知識）
>
> 他にも幾つか大将の人気と信用を構築する知識と情報がありました。

**第３ステップ**
　情報量：お客さんの家族や近況等々の情報。市場（地域）での課題や出来事に関する情報。
　知　識：野菜ソムリエとしての資格や農業の経験（実家が農家・大学での専攻）。

「人気や信用」を第1・第2・第3ステップのように理由（何故？）を探していくと、【情報】と【知識】が見えてきます。

漠然と「人気や信用」という言葉だけだとノウハウや目に見えるモノにはならないように思えますが、【情報】と【知識】として捉えていくと、例え、箇条書きであったとしても目に見えるモノになる事が分かります。

このように大将の「人気や信用」の言葉で片付けると、どこまで行っても大将個人の力に依存する事になり、いずれは継続が危ぶまれる事となります。

それを単に【情報】と【知識】と捉えて書出し、整理する事で次のヒトへのバトンタッチが出来るモノ（仕組）となり、また、現在の職場で共有できるモノ（資産）となるのです。

それまで、お客さんについて蓄積していた情報を、性別や年代・住所等の項目別に割り振ると顧客情報としての『データベース』が出来ます。
　また、野菜に関する知識も当然に『データベース』とする事が可能です。

この2つの『データベース』だけでも大変貴重な資産であり、【営業秘密】として管理すべきものなのですが、これらの『データベース』に顧客の嗜好や苦手な野菜、お客さんの得意料理などの情報をつけ足す事で、より経営戦略に向けての有効な顧客情報としての活用が可能となります。

この顧客情報をつけ足す作業の中で、普段当たり前に行っている「接客での営業トークや、喜んでもらっているサービスや対応」等も文字にする事が出来ました。

また、卸売市場での仕入の際に、大将がやっている「良い野菜を安く仕入れる為の知恵・工夫」についても、野菜知識に関する『データベース』に先ほどと同じように紐付けする事で、「仕入ノウハウ」として引継ぐことの出来る資産となります。

　八百屋さんの大将は、このように、知識や情報の組み合わせ・並べ替え等の「ノウハウ」を自身の経験を通して自然と身に付けて、「人気・信用」を構築してきたのです。

　ただ、自身では、「真面目に一生懸命、頑張ってきただけ」としか思っていなかった事が、実は、知識と情報の組み合わせ・並べ替えであるという事をあらためて確認できます。【気付き】

　そして、さらに仕入先の卸業者さんとの取引での「コツ」、お客さんとのコミュニケーションで気を付けている事などを紐付けていくと『経営マニュアル』が出来上がります。

　『データベース』や『マニュアル』を作る事で、初めて引き継ぐ事の出来る目に見える資産としての【ノウハウ】となるのです。

　また【営業秘密】として管理する事で、事業を継続する為の大変力強い資産ともなります。

　そして、この『データベース』や『マニュアル』を作る事自体は、決して革新的な事業の取組みでもなければ、今流行の売り方や見せ方の導入でもありません。

しかし、これ等の『データベース』『マニュアル』を作成する為に行った「過去の振り返りと整理」により、先ほどの「ネット販売へ展開すればよい！」のように漠然とした取組とはならないのです。

　自社の持つ他社との優位性、いわゆる強みが明確となっていますから、その取り組み自体の内容が大きく変わってきます。

　単に、「インターネットを使えば、新規顧客の開拓に繋がる。」との取組みが、この『データベース』作成からの気付きにより、「新規顧客よりも、既存のお客さんへ特化したサービス展開」としてインターネット・スマホ等を活用する事となりました。

　また、『マニュアル』作成の過程での気付きにより、「お客さんとのコミュニケーションでのポイント」がはっきりと見えて来たことで、「既存顧客を通しての新規顧客への口コミ戦術」として、ポイント・クーポン付のチラシが生れてきました。

　また、大将の【気付き】から、これまでは大将の気遣いとして行っていたサービスを店舗の棚に「１本・１個からのバラ売り」のスペースを設ける事で、店の持つ特徴、差別化としての構造資産化を図りました。

　そして、「食べ時野菜」についてのポップから、従業員向けの「食べ時野菜テキスト」も作り、お客さんからの質問やお客さんへのアドバイスをスタッフ皆が出来るように進めるプロジェクト（教育マニュアルとしての構造資産化）も生まれました。

　勿論、ネット販売へのビジネス展開やフェイスブック・ブログ・ユーチュー

ブなどの動画のコンテンツを活用する手法そのものは、時代・社会の変化やニーズを取り入れる上で大変良い事です。また、必要な事でもあります。

　ただし、単に、そのコンテンツ先の持つ機能やサービスを活用するだけでは、新規顧客の獲得や収益の拡大には、決して繋がらないという事です。

　このように【人的資産の構造資産化】を「仕組つくり（ノウハウ戦略）」と捉えて、「自社の持つ知恵・工夫・経験（多くはヒトに帰属している。）を文字化・数値化する。」という事は、いたって当たり前の「強みの掘起し」であります。

　その意味では、「ノウハウ戦略」との呼び名は大げさに思われるかも知れません。

　しかし、その経営者や従業員さんが普段、普通に行っている作業の中に埋もれている【強み】を**「承継ができる資産にする！」といった取り組みを通じて**「強みの掘起し」を行うか否か？で結果は、大きく変わってくるのです。

　「承継できるモノ」や権利化・保護化を意識して、自社の持つ強み（概ねはヒトに帰属）を掘り起こす作業の中での【気付き】は、本当に重要なのです。

　そして、この「経営マニュアル」・「営業マニュアル」・「仕入マニュアル」や作業フローチャートを持つことで、商圏エリアの少し離れた同業者さんとの業務提携やフランチャイズといった、１店舗だけでは難しいスケールメリットを活用したビジネスモデルへの可能性も生まれるのです。

自社の持つ「ノウハウ」への【気付き】から、新たなサービスや商品、そして、新たなビジネスモデルが、生れてくると言っても決して過言ではありません。

時代や社会の変化やニーズにアンテナをはっておくことは、勿論、事業経営者として当たり前の事です。

しかし、「販路拡大や新規顧客の開拓だ！」ばかりに目を奪われると、ついつい世の中で流行のシステムやサービスだけを見てしまい、自社の持つ独自性や個性が他社との優位性であった事を忘れてしまうのです。

確かに、売上の低迷や資金繰りに追われる事での焦りから、自社の強みを感じなくなってしまう。

それどころか、自社の持つ個性や独自性が【弱み】であるかのような思いに駆られることは、往々にしてあります。

しかし、どんなに優れたシステムやサービスを導入しても、自社の【強み】をしっかりと基本に据えておかなければ、仮に、短期的な売り上げの回復は望めたとしても、決して事業の持続的発展へ繋がる事にはならないのです。

> 小さな会社の「仕組つくり（ノウハウ戦略）」のはじめ方とは、今までやってきたこと、現在やっている作業やサービスの理由（何故）を探して整理する「掘起し作業」なのです。

つまりは、自社のこれまで継続出来てきた理由（何故？）を探す事から始めます。

但し、ここで、よく間違ってしまうのが「よし！　それでは、**自社の強みを探すぞ！**」との思いが強すぎると、ついつい見誤ってしまう事があります。

最初から【強み】を探そうとすれば、自社の持つ他社には無い特別な強みは何か？と考えてしまい、どうしても目に見える大きな特徴ばかりを探す事となります。

　そうすると、日常の業務に埋没し、当たり前の作業になってしまっている「知恵・工夫・経験」を見逃してしまうのです。

　**「大きな売り上げや収益を上げていないから、いくら長い業歴であってもウチのやっている事なんて、大した価値もない。」** ではないのです。

　**「これまで継続して来たこと自体が、そもそも優れた能力であり、自社の【強み】そのもので有るのだ。」** と捉える事が大切です。

　まずは、単純に、「そんなのは、分かりきった事だ。当り前だ。」と思っている自社の売上や収益を担っている商品・製品やサービスが何であるのか？（個々の商品やサービスの利益率や利益額を把握しているか？）

　そして、それが何故生まれたのか？　どのような手順や流れで販売されているのか？　を箇条書きで書き出すところから始めてみましょう。

　「仕組つくり（ノウハウ戦略）」のはじめ方は、自社の履歴書を書くことに似ています。
　その意味では、「企業の概要書」をあらためて作り直す事であるともいえます。

　次章では、小規模企業の「継続出来る状態への構築」が、自社の発展（収益）や地域の発展、日本経済そのものの発展に繋がるとの考え方を指針とした【小規模企業振興基本法】を簡単にご紹介させて頂きます。

## 4　小規模企業振興基本法の目指すもの

１．基本法と知的資産（知恵・工夫・経験：ＣＫＫ資産）

【営業秘密管理指針】の全部改定（2015/01/8）に先だって、中小企業に関する基本法が51年ぶりの大改正が施行されました。

### 2014年6月20日に【小規模企業振興基本法】施行。

これまで国が行なってきた中・小規模企業への支援としての「中小企業基本法」（昭和三十八年七月二十日法律）での「成長発展」する企業への支援の取組み、「革新的」な事業を創出する企業への支援、そして、今回の【小規模企業振興基本法】では、ついに小規模企業の<u>「持続的発展」</u>を全面的に支援するとなりました。

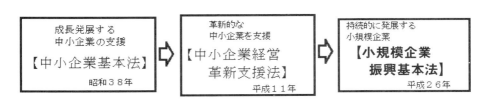

この変遷は、高度経済成長期・オイルショック・バブル期（ＩＴ産業化）・リーマンショックといったそれぞれの時代背景や経済環境に応じて、国が中・小規模企業への支援策としての取組みの変遷でもあります。

但し、この度の「小規模企業振興基本法」に於いて小規模企業の「持続的

発展」を基本の指針としている事からも、今日の日本経済、とりわけ「小規模企業」の緊急の課題が「持続」・「承継」であり、廃業率の増加傾向への歯止めを図る事に重きがおかれている事が分かります。

小規模企業振興基本法の趣旨および概要を以下のようにまとめてみました。

> 1．法律の趣旨
>
> 全国385万の中小企業、中でもその9割を占める小規模事業者は、地域の経済や雇用を支える極めて重要な存在であり、経済の好循環を全国津々浦々まで届けていくためには、その活力を最大限に発揮させることが必要不可欠です。
>
> 「小規模基本法」は、小規模企業の振興に関する施策について、総合的かつ計画的に、そして国、地方公共団体、支援機関等が一丸となって戦略的に実施するため、政府が基本計画を**閣議決定**し、国会に報告する等の新たな施策体系を構築するものです。
>
> 2．【小規模基本法】」の概要
>
> ○小規模企業の振興の基本原則として、小企業者（概ね従業員5人以下）を含む小規模企業について、中小企業基本法の基本理念である「成長発展」のみならず、技術やノウハウの向上、安定的な雇用の維持等を含む<u>「**事業の持続的発展**」</u>を位置づける。
>
> ○小規模企業施策について5年間の基本計画を定め、政策の継続性・一貫性を担保する仕組みを作る。具体的には、小規模企業者による①需要に応じたビジネスモデルの再構築、②多様で新たな人材の活用による事業の展開・創出、③地域のブランド化・にぎわいの創出等を推進すべく、これらに応じた基本的施策を講じる。

となっております。

そして、基本法にいう**「事業の持続的発展」**に於いて、中・小規模事業者の経営活性化に向けた評価基準の指針とすべきは、小規模企業の持つ「無形資産（知恵・工夫・経験）」の活用であり、支援すべきは、その無形資産を評価できる形とする為の権利化・保護化であります。

　「事業の持続的発展」とは、事業の持つ強みを明確にして、且つ、その強みが将来に向けて担保できる状態にする事、即ち、継続性・安定性を強化する事での発展という事になります。

　このような国の中・小規模企業支援に対する考え方や取り組みに於いて、企業の持つ「無形資産（知恵・工夫・経験）」を経営の源泉と位置づけた考え方は、平成１９年に経済産業省の提唱した以下の「知的資産経営」の概念・定義からも見る事が出来ます。

> 　「知的資産」とは、人材、技術、組織力、顧客とのネットワーク、ブランド等の目に見えない資産のことで、企業の競争力の源泉となるものです。
>
> 　これは、特許やノウハウなどの「知的財産」だけではなく、組織や人材、ネットワークなどの企業の強みとなる資産を総称する幅広い考え方であることに注意が必要です。
>
> 　さらに、このような企業に固有の知的資産を認識し、有効に組み合わせて活用していくことを通じて収益につなげる経営を「知的資産経営」と呼びます。

※経済産業省ＨＰより抜粋

　「知的資産」「知的資産経営」を中・小規模事業者の持続的発展に向けた取り組みの一つとして捉えた場合、確かに経営の源泉ではあるが、人材、技術、

組織力、顧客とのネットワーク、ブランド等の目に見えない資産（決算書等には、現れない）である事から、まずは「ＣＫＫ資産」を掘起し、可視化（文字化・数値化）を行う事が求められます。

　筆者は中小企業庁からの受託により、この基本法を受けての「全国の商工会・商工会議所の経営指導員向け研修」を 2014 年 10 月から、全国各地の経営指導員の皆さんにお話しさせて頂ける場を作ってもらい登壇しております。

　今回の「基本法」にいう小規模企業の**「持続的発展」**を支援する為に、全国の※経営指導員の皆さんにも、小規模企業の持つ「無形資産（知恵・工夫・経験）」を企業の強みとして捉え、その見える化と権利化・保護化が継続性を強化する事であるとお話しさせて頂いております。

　※経営指導員さんとは、商工会（町村地域に 1,812 ヵ所）・商工会議所（市地域に 515 ヵ所）に所属し、全国の地域で小規模企業さんの抱える、次のような課題についての支援を行う方の事です。

※以下の課題：中企庁ＨＰよりの抜粋

　ア）事業主自身が労働に従事している場合が多く、調査企画部門が著しく弱いために、環境の変化や市場の動向等に関する情報を十分に収集し、処理する能力に欠けていること。

　イ）家計と営業の未分離なものが多く、経営内容を的確に把握することが困難で、金融申込みや税務申告に支障を生じるなど、経営近代化を遅らせる原因となっていること。

　ウ）資本蓄積が不十分であり、信用力や資金調達力が弱いこと。

> エ）設備資金の調達難などから、設備の近代化を始めとして一般的に事業の近代化が立ち遅れていること。
>
> オ）個人企業が多く、企業の発展、衰退が一個人に強く依存し、経営が不安定になること。
>
> カ）特定の取引先に対する依存度が高いこと。

筆者としては、上記のような課題の解決に向けて、今回の【基本法】の指針となる「持続的発展」は、正に、その核となる指針であると考えております。

そして、全国の経営指導員さんを通じて、地域の事業者さんへ知って頂きたいことは、自社の持つ「無形資産（知恵・工夫・経験）」こそが、【自社の強み】である事。

地域の小規模企業の抱える先のア〜カの課題の解決において、「自社の持

つ強み（知恵・工夫・経験）」の洗い出しを行う事から取り組んで頂きたいのです。
　また、経営指導員の皆さんにも、そのような視点で、会員企業さんとの日常の会話（雑談）からでも、そこにあるCKK資産（知恵・工夫・経験）を探す事を意識して頂きたいのです。

　先の基本法の概要では、事業の持続的発展からの具体的な小規模企業施策として、①需要に応じたビジネスモデルの再構築、②多様で新たな人材の活用による事業の展開・創出、③地域のブランド化・にぎわいの創出、が述べられております。

　この①②③の施策が、小規模企業の**継続性を強化する事で、新たに生まれる施策として想定されているという事に注目すべきであると考えます。**

　事業の持続化を強化する事で、「①需要に応じたビジネスモデルの再構築」が成されると述べられています。

　これは、持続化を強化する取り組みにより、あらためて顧客のニーズ、自社の商品・サービスの需要が明確に把握されるとのロジックとなります。
　また、ビジネスモデルの再構築とは、強み（知恵・工夫・経験）」の洗い出しにより、これまでのビジネスの手順や流れが、新たに組み替えられるとの考え方でもあります。

　次に、「②多様で新たな人材の活用による事業の展開・創業」に於いても、持続化に向けた取り組みの中では、個人の持つ「人的資産」を掘起し、それを企業の持つ「構造資産」へとすべく仕組化を図る中で、これまでと違う事業展開や新たな事業としての創業が成されるとの考え方であります。

そして、そのような新たな事業展開や創業により「③地域のブランド化・にぎわいの創出」へと繋がると考えられているのです。

## 2.「事業承継」と「資金調達力」から見た【持続的発展】

また、1章で触れました「我が国の小規模企業の急激な減少」の原因には「ノウハウの流出と評価の低さ」に関連して、「事業承継」の問題があります。

そして、この問題の理由としては、よく長引く景気の低迷による赤字経営や少子化による後継者の成り手が減っている事などが挙げられますが、**意外にも黒字経営会社での事業承継がうまく行かないケース**の方が多いのです。

> ○小規模企業において事業継続希望が5割以上存在するが、後継者がいない、見つからないという後継者難によって、廃業を余儀なくされているケースが半数以上（約54％）ある。
>
> ○特に我が国のものづくり企業において、後継者不足や経営の行き詰まりにより事業承継が円滑に進まないまま、技術・技能・知識を有する企業が倒産・消滅し、貴重な経営資源が失われつつある。

小規模事業者の現状と課題について平成25年9月中小企業庁HPより抜粋

また、事業承継後の3年以内での急激に経営の悪化を招いての倒産なども急激な減少の背景と言えます。

これらの悪循環についても、やはり会社自身が自社の持つ「ノウハウ」への評価の低さ、技術承継等での仕組み化の遅れが挙げられます。

その評価の低さについての第一の原因は、「ノウハウ」が目に見えない事です。

　そして、その「ノウハウ」が会社の仕組みとなっていない事。「営業秘密」として管理されない事などから、自社の大切な「資産」として理解されない事などが挙げられます。

　では、まずは「見えるように」からの【フローチャート】や【マニュアル】が作られる事で、何が変わるのか？　それは、間違いなく「事業承継」のステージにおいて最も変わるといえます。

　小規模企業での「事業承継」において、親子の場合では、「おやじのやり方は・・・」や親子以外での場合では「先代の社長のやり方では・・・」のように会社経営は、即ち、前社長の「やり方」というふうに扱われます。

　そして、この前社長の「やり方」とは、往々にして前社長個人に向けての評価や思いとごっちゃになるものなのです。

　結果、それまでの「やり方」に対しての全否定や拒否を招く事で、「親子の仲が悪いからとかの理由での「事業承継」が成されずに解散や事業譲渡。

　また、個人的な反発心からの事業承継の後に事業の大幅方向転換、新事業への参入を行う。そして、往々にして経営の悪化を招き、残念な事に廃業・解散などに陥るのです。

　しかし、これが【フローチャート】【マニュアル】として、引き継ぐべき経営が目に見えるモノとなって、守るべき「営業秘密」として管理されていれば、事業の承継者においても、単に個人的な感情や思いだけで動くと言った事態は避けられます。

その【フローチャート】【マニュアル】に示されている工程や判断基準が、単に前社長の人間性から決められたのではない事が分かるからです。

実際に自社で過去に起こった問題（トラブル）からの教訓として、採用されていることなどが示されていれば、先の話のように「おやじのやり方は‥」とはならずに、個々の行程や基準について冷静に見直す事ができます。

**少なくとも、全否定や意味も無く拒否にはならないのです。**

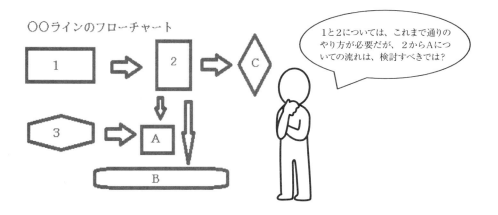

そして、また、【フローチャート】【マニュアル】を事業承継者が従業員と共有する事で、あらたな体制での経営方針について、従業員とのコミュニケーションを図る事が出来ます。

そして、実際の作業現場の声を、その工程における改善策として反映させるなど、間違いなく小規模企業の経営そのものに変化が生れます。
そして、あらたな発展へと繋がる「事業承継」が期待できるのです。

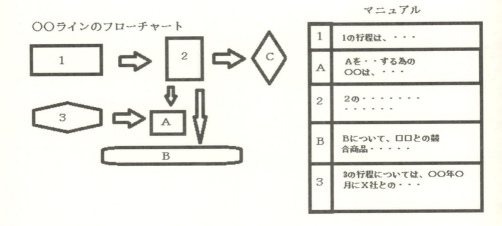

　国も小規模企業の持つ「ノウハウ」を事業承継すべき資産として位置付け、「営業秘密」に求められる要件・基準を小規模企業での取組みを配慮した改定を実施し、より分かり易く明確にしてきているのだと思います。

> 　小規模企業が、今、すべきことは、自社の持つ「ノウハウ」を目に見えるモノ（フローチャートやマニュアル）とする作業に取り掛かる事です。
> 　そして、管理する為のルールを作る事なのです。

　次に「持続的発展」における発展の部分に大きく関わる問題として、小規模企業の「資金調達力」の問題があります。

　この「資金調達力」の強化については、金融機関の行う「定性評価」について、特に信用力の強化に向けてＩＡＰ協会の行う「法的な権利強化」について、ここでは建設業での事例を少し、お話しさせて頂きます。

## **金融機関等では、建設業界などは特に信用力が低い業界と言われています。**

「建設業は、突発破綻になりやすい業種というイメージがあるためです。
　取引先の業況によっては融資の不良債権が発生しやすい※業界の構造」といった背景が大きな要因となっていると思われます。

　※建設業界の構造の問題

> 　国土交通省が現在実施している重層下請構造実態調査によると、作業員が4,000人を超えるような建設現場では、6割以上で最大下請次数が5次以上となっており、6都府県では4次以上の下請企業が存在する現場が4割を超えていると報告されています。
> 　行き過ぎた重層化についてはこれまでも議論されてきましたが、元請企業による工程管理や下請企業との連絡調整が滞り、効率的な施工が阻害されるという弊害が指摘されています。
> 　また、重層化が進むことで間接経費が増加し、下請企業への労務費が圧縮・削減されてしまいます。

　　　　　　　　　　　　　　　　　　　　　　　国土交通省ＨＰより抜粋

　その為、下請け会社さんなどが大きな請負工事を受けて、その請負契約書を銀行の担当者さんに「今回、大手ゼネコンさんからの〇千万円の工事を請けたので・・・」と見せて、融資を申し入れたとしても、なかなか良い結果には結びつかないのです。

　ＩＡＰ協会では、金融機関に対する「請負契約書」の信用力強化の為に、当該契約書に伴う「請負工事代金支払いに関する契約書」を公正証書として別に締結する事を勧めています。

ここで、この請負契約書を**「強制執行文言付与の公正証書」**とするとどうなるでしょうか？・・・つまり法的な権利の強化です。

<u>通常の請負契約書より、はるかに評価され融資条件が良くなるのです。</u>

それは、先ほどの突発破綻の一番の原因が元請け等の破綻による連鎖破綻にあるからなのです。

---

＜通常請負契約の場合＞、工事を下請けしている業者さんは、元請けの経営不振などがあった場合に、契約通りに工事代金が受け取れないというリスクに直面する場合があります。

その場合でも、その工事の代金として、おおもとの発注者（公共、民間）の手元に、元請けへ支払われるべきお金があるならば、あいだを飛ばして、直接支払いを受けることができます。

これを「第三者債務による支払い」といいます。

---

「第三者債務による支払い」があるのなら、連鎖破綻は免れると思われるかも知れませんが、実は、この「第三者債務による支払い」を受ける為の手続きが、意外と大変なのです。

**<u>中小・小規模の建設会社では、第三者債務による支払いを受けたくても出来ないのが実情なのです。</u>**

それでは、簡単に「第三者債務による支払い」の手順を紹介します。

通常の契約形態(注文書と請書の取り交わしのみ)で、第三者債務からの支払いを受けるには、次のような手続きが必要となります。

① まずは、仮差押えを行う
第三者債務を自社への支払いに回すために、確保してもらうための手続きです。

| 裁判所へ申立て ⇒ 書面審理または債権者面接 ⇒担保決定(担保金〈※1〉担保の供託、立担保証明提出) ⇒ 保全決定(保全命令発令) |
| --- |

※1 一般的に債権額の1割から3割の額を、供託することが求められます。

② その後、訴訟から差し押さえまで
仮差押えで保全されたお金を受領するためには、さらに以下の手順が必要です。

| 仮差押 ⇒ 訴訟 ⇒ 勝訴判決 ⇒ 本差押(強制執行) |
| --- |

つまりは、仮に5000万円の請負代金をこの方法で回収するには、6ヶ月～1年をかけて訴訟手続きを行って勝訴となる事。

加えて、担保や弁護士費用等々でおよそ2000万円近い現金を用意して相当の期間預け入れておくことが必要となる事。

これらの経費と時間を費やして、やっと手元にお金が手に入るということになります。

小規模企業には、とうてい無理な相談となります。
これを事前に「**強制執行文言付与の公正証書**」の請負契約書としておけば、即、本差押(強制執行)が行なえるのです。(公正役場にて必要書類と手数

料等で手続き可能)

| 工事代金=目的の金額 | 公証人手数料 |
|---|---|
| 100万円以下 | 5000円 |
| 100万円を超え200万円以下 | 7000円 |
| 200万円を超え500万円以下 | 11000円 |
| 500万円を超え1000万円以下 | 17000円 |
| 1000万円を超え3000万円以下 | 23000円 |
| 3000万円を超え5000万円以下 | 29000円 |
| 5000万円を超え1億円以下 | 43000円 |
| 1億円を超え3億円以下 | 4万3000円に5000万円までごとに1万3000円を加算 |
| 3億円を超え10億円以下 | 9万5000円に5000万円までごとに1万1000円を加算 |
| 10億円を超える場合 | 24万9000円に5000万円までごとに8000円を加算 |

| 工事代金 | 印紙税額 |
|---|---|
| 金額に関わらず定額 | 200円 |
| ※契約金額の記載のない消費貸借に関する契約書に該当 ||

　この事は、当然に政府金融機関である日本政策金融公庫を初めとする金融機関に於いても、「**融資の申し込み**」での、有力なエビデンス(返済原資根拠)として定性評価の材料となると考えられるのです。

　このような請負契約書を「**強制執行文言付与の公正証書**」とする取組みは、建設業界での小規模企業である下請け企業・孫請け企業等々の「資金調達力」の強化や継続性の担保としての取組みであります。

　しかし、ＩＡＰ協会としては、このような取組みについては、出来れば元請けとなる大手企業（ゼネコン）が、自社のＩＲ効果も兼ねて、小規模企業への保証として取り組むべきものであるとも考えております。

　なぜなら、公共工事や社会全体の効用を高める施設に関する民間工事に於いて、当該リスク（連鎖破綻）を回避する施策は、社会全体の利益からも強

く求められるものであるからです。
　この為、国土交通省は、前払い金制度と併せて公共・民間工事工事施における工資金調達手段として、平成１０年１２月より「下請けセーフティネット債務保証事業」を取り組まれております。

　但し、「下請けセーフティネット債務保証事業」では、元請け業者による事業協同組合等への債権譲渡を発注者（公共・民間）へ申請する事が、まず第一の条件である事から、下請け・孫請けに位置する中・小規模事業者にあっては、現実問題として蚊帳の外の状況であります。

　どちらにしても、建設業界での構造的問題の解決の為には、小規模企業での信用力強化策としても、法的な権利化・保護化が必要であると言えるのです。

　また、小規模企業での「事業承継」と「資金調達力」は、密接な関係にもあります。まずは、実際の小規模企業が「事業の存続」に直面するケースで考えてみましょう。

　それは、経営者の交代・代替わり、さきほどの「事業承継問題」であります。

　特に、前経営者のＣＫＫ資産が大きければ大きいほど、この資産を継続・承継する事は、より困難となります。

　小規模企業では、よく言われる言葉に「うちの会社は社長の顔でもっている。」があります。

　社長の顔とは、言い換えれば社長の持つ「信用力」の事であり、この「信用力」とは、まさしく社長の知恵・工夫・経験により培われた資産であります。

また、「社長の信用力を承継するなんて事は、そもそも無理な話だ！」との声も聞こえてきそうですが、本当にそうでしょうか？

社長の持つ信用力を構成する最も大きな要素が「社長は絶対に約束を守るヒトだから。」であったとします。

「この約束を守るヒト」⇒信頼（個人に帰属する資産）となります。

これを「約束を守る為の文書」とした時、それは**「契約書」**となり、**企業（法人）に帰属する**資産となるのです。

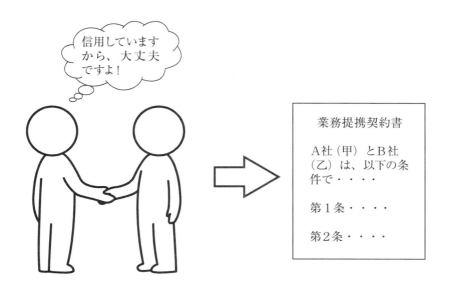

そして、「契約書」であれば、当然に承継する事が可能となります。

これだけでも立派な「人的資産の構造資産化」の一つなのです。

○信用力⇒契約書

○作業・工程管理能力⇒フローチャート

○マネジメント能力⇒マニュアルや研修・訓練カリキュラムおよび職務権限分掌規程

○技術力⇒社内技術評価規程・社内技術試験制度など

のように【人的資産の構造資産化】とは、決して大きな資金のかかる取組みではないのです。

## 『知恵・工夫・経験の仕組化（見える化：文字化・数値化)』の事なのです。

　基本法でいう「事業の持続的発展」の【持続】に於ける基本的な考え方であるのです。

　そして、「資金調達力」においても、先ほどの建設業での公正証書化による金融機関への信用力強化と同様に「社長の顔」だけのエビデンスでは、困難であるが、取引先との契約書や自社の【強み】の根拠としての仕組化（文字化・数値化）であれば十分に信用力の担保となるのです。

<u>仮に自社の承継問題を現実（今すぐ）の問題と考えてみて下さい。</u>

　後継者は誰になるのか？引継ぎには何か月、何年かかるのか？そもそも何

を引き継ぐのか？株・土地・建物・借金・・・経営のやり方？？？となっていないですか。

> **もし、引き継ぐべきモノが目に見えないモノだと感じられたら、知恵・工夫・経験の仕組化（承継できるモノにする）に取り掛かる事をお勧めいたします。**

次に、「事業の持続的発展」の【発展】の為の「権利化・保護化」を考えてみましょう。

先の社長の信用力を契約書として企業に帰属する資産とするとした一例でも、実際に契約書を締結するとなると、これまで社長の顔としての取引条件を文書に落とし込む作業が必要となります。

そして、この条件の落とし込み作業を行ってみると、意外に簡単でない事に気付きます。

それは、これまでは何らかの問題が発生した時には、社長の判断や機転で対処すれば良かった事が、契約書での条件として文書化する時には、色々な不測の事態を想定しての対処も書き込まなければならなくなるからです。

そして、この事前に不測の事態を想定する作業の中から意外に新たな取決めやルール、あらたなシステムの構築がなされる事が起こるのです。

このようなケース一つをとっても、継続性の強化を考える取組が、新たな【発展】に繋がる事となるのです。

持続し且つ【発展】する為には、知恵・工夫・経験の仕組化（見える化）をした上で、その仕組み自体を権利化・保護化しておくことが、絶対的に重要となります。

　企業が持続的に発展を遂げる為に不可欠な要素は、企業の持つ独自性・個性などの『強み』の存在であり、同業他社との差別化を図れる経営の源泉となる資産の優位性であります。

　もし、この資産が他社に安易に模倣されたり、盗られる事があれば、当然に『強み』としての差別化が図れなくなります。

　その意味では、逆に、この『強み』の大半を占める［ノウハウ］がヒトの**頭の中にだけある方が、他人には簡単には盗られないといった『強み』を持つとも言えます。**

　その為、「ノウハウ」については、よく門外不出や一子相伝として、あえ**て書面化しないといった話を聞く事があります。**

---

　例えば、行列の出来るラーメン屋さんでの季節や気候に合わせての麺のゆで具合や出汁の配合や火加減。
　クレームのお客さんを性別や年齢に応じて怒らさずに納得させる為の話法や呼吸・タイミング。
　契約や販売のクロージングに有利な状況の設定の仕方。
　金属加工などでの０コンマ何ミリのズレや歪みを修正する為の技術。Etc

---

　などの「ノウハウ」を思い描いて頂ければ、分かりやすいと思います。

しかし、これらの「ノウハウ」が、「そのヒトだから出来る。」と思われている理由は、・・・・・・・・・・

やはり「ノウハウ」が、そのヒトの頭の中にだけある事が大きな要因であります。

 だからこそ、<u>「そのヒトだから出来る。」とは、他の人には真似できない、即ち、「承継出来ない、しにくいもの」と同じ意味でもある事に気付く事が必要なのです。</u>

 事業の継続性を強く担保する為には、個人の持つ「ノウハウ」を承継出来るモノとする事であり、その為には、そのヒトしか知らないコツや判断基準などを詳細に書き記したマニュアルなどを作る必要があります。

 但し、単に見える化（文字化・数値化）しただけでは、今度は、盗られたり、真似られたりする危険性が増す事となり、逆に、資産価値の低下を招く恐れが出てきます。

ただの業務フローであっても、自社の知恵・工夫・経験から生まれた大切な資産です。
大切な「営業秘密」として管理しておきましょう！

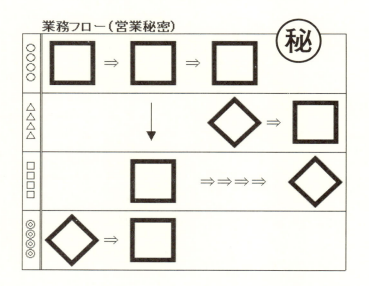

そうです、事業の持続・継続のためにマニュアル化等の知恵・工夫・経験の仕組化（見える化：文字化・数値化）では、他人や同業他社に容易に真似られたり、盗られたりしない為の備えが必要であるという事です。

**つまりは、「仕組つくり（ノウハウ戦略）」では権利化・保護化が絶対的に必要不可欠という事です。**

「小規模企業が持つCKK資産」をフローチャートやマニュアルのように目に見える（承継できる）ものにする事や、これまでの信用だけ（口約束）の取引を契約書とする事。

そして、それらを出来る限り法的な効力を持たす為の権利化や保護化を図る事が「基本法」にいう事業の継続において最も重要な事なのです。

　そして、小さな会社が「ノウハウを権利化・保護化」する事は、単に事業の承継・持続力を担保するだけでなく、保護化（営業秘密管理）の図られた「経営マニュアル」・「製造マニュアル」・「営業マニュアル」等による多店舗展開化やフランチャイズ化といった新たな事業展開や第二創業を生み出す事にも繋がるのです。

　ここで、少し、小規模企業の【発展】における一つのスタイルとして、「多店舗展開」や「フランチャイズ事業」に於いて必要となる知的財産権である【商標権】の話を少しさせて頂きます。

　多店舗展開する事で、自社の名前は、これまで以上に一般のお客さんへ知って頂ける事と成りますが、その屋号・商号としての名称は、法務局に社名として登記してあるから独占であり、自動的に保護されるという事はないのです。

　すぐ隣や、同じ商圏エリアに同名の企業や店舗を誰かが作っても、現在の法律では原則自由なのです。

　ただし、相当に著名・有名になれば、その著名性自体が一つの権利（不正競争防止法：著名表示冒用行為）を生むこととなります。

　しかし、それには多くの時間や実績（ここでいう「著名」とは、需要者の間に広く認識されていることよりも一段と広く知られているもので、全国的に、誰でも知っているようなものをいいます。）が必要である為、小規模企業が行なう多店舗展開やフランチャイズ事業でこの権利行使が出来るように

事業展開する事は、相当に困難で現実的ではありません。

　小規模企業が、これから多店舗展開に出る場合は、法的に名称を独占する為の【商標権】の取得は、不可欠だと思います。

　また、フランチャイズ化に於いては、屋号・商号の名称独占よりもビジネスモデルとしての「ノウハウ」そのものに、顧客等への訴求力のある名前や、サービスの内容をイメージし易くなる名前での【商標権】による名称独占を図る事が望ましいと考えます。（詳しくは、7章　商標権の活用にてご紹介致します。）

　このように、構造資産化する事で作成されるフローチャートや経営マニュアル・営業マニュアル等は、それを活用した新たな事業モデルとしての多店舗展開やフランチャイズ化へも繋がり、事業の発展が期待されます。

同時に作業工程の見直し、販売商品の絞り込み、サービスの分割や並べ替えから新たなビジネスとしての第二創業・起業などの「事業の発展」を促す事に繋がる可能性も生まれるのです。この第二創業については、国の施策として次のような補助金が取り組まれています。

平成27年度の「創業・第二創業促進補助金」の「1事業目的　概要」と「2対象ならびに補助対策経費と補助率」を簡単にご紹介します。

> **募集　平成27年度　創業・第二創業促進補助金**
>
> **1. 事業目的　概要**
>
> 「創業・第二創業促進事業」は、新たに創業する者や第二創業を行う者に対して、その創業等に要する経費の一部を助成（以下「補助」という。）する事業で新たな需要や雇用の創出等を促し、我が国経済を活性化させることを目的としています。
> ※本補助金の対象となる事業の実施に当たっては、国が行う補助事業と同様に、『補助金等に係る予算の執行の適正化に関する法律』の規定が適用されます。
>
> **2. 対象ならびに補助対象経費と補助率**
>
> ① 創業促進補助金　　新たなニーズを踏まえた創業プランを応援する補助金です。
> 補助率：2/3　補助金額の範囲：100万円以上〜200万円以内
>
> ② 第二創業促進補助金　　家業を活かす第二創業プランを応援する補助金です。
> 補助率：2/3　補助金額の範囲：100万円以上〜200万円以内
> （既存事業を廃止する場合は、廃止費用として800万円）
>
> 中小企業庁ホームページより抜粋

上記の創業・第二創業促進補助金事業は、新たな需要を創造する新商品・サービスを提供する創業者に対して、店舗借入費や設備費等の創業に要する費用の一部を支援します。

また、事業承継を契機に既存事業を廃止し、新分野に挑戦する等の第二創業に対して、人件費や設備費等（廃業登記や法手続費用、在庫処分費等廃業

コストを含む）に要する費用の一部を支援します。
　この「既存事業を廃止し、新分野への挑戦」においても、これまでの事業とは全く関係なく新分野での事業を行うのでは無く、これまでの事業の知恵・工夫・経験を活かしての新分野への挑戦である。
　とされておりますので、その意味において事業の継続ともいえるのです。

> 「ノウハウを権利化・保護化する事から、新たな事業戦略が生まれる！　事業の継続と発展に繋がる。」という事です。

　※「継続は力なり」という言葉を今更ではありますが、今いちど考えてみましょう！辞書を引くと以下のように説明されております。

> 　続けることの重要性、弛まず挫けずに続けていくことの大切さを端的に述べた表現。格言。いくつかの意味合いに解釈できる。
> 　① 個々の成果は微々たるものであっても、地道に成果を積み重ねていけば、やがて大きな事業を達成できる。目標を達成できる。
> 　② 今は実力不足であっても、挫けずに修練を積んでいけば、いずれ大成できる。
> 　③ 物事を成し遂げるまで諦めずに取り組み続けるということは、それ自体、優れた能力のひとつである。
> 　「継続は力なり」の出典・由来については、諸説あり定かでない。大正時代の教育者・平松折次が「継続は力なり」を標語として掲げていたこと、および、明治時代の宗教家・住岡夜晃が賛歌の詩として綴ったことなどは文献から確認できる。また、国立国会図書館レファレンス協同データベースによれば、イリノイ州のことわざとして「Continuity is the father of success」（継続は成功の父）という言葉が見られるという。しかしながら、いずれもオリジナルであると確証が得られる状況にはない。
> 　　出典：実用日本語表現辞典より

※①②の解釈は、馴染のある解釈ですが、③の「継続自体が優れた能力」の解釈は、ＩＡＰ協会の提唱するＣＫＫ資産（知恵・工夫・経験）と相通じるものです。

　継続＝経験であり、経験から「知恵や工夫」が生れます。そして、継続する為にも、たえず新たな「知恵や工夫が」必要となります。

<u>「継続は力なり」の言葉を「事業を、これまで継続して来た事自体が、優れた能力であり、そこには、必ず知恵と工夫がある。」と読み替えてみて下さい。</u>

　事業を継続する事自体、本当に素晴らしい事であり、「知恵と工夫」を活用せずには決して事業の継続は有り得ないのです。

　ＩＡＰ協会では、この継続・経験から生まれる「知恵と工夫」、そして、この「知恵と工夫」を活用しての事業の継続・承継への流れ・循環を「**知的資産経営の成功スパイラル**」とも呼んでいます。

　<u>この成功スパイラルは、決して特別な会社さんにだけに、当てはまるものではないのです。</u>

> 何故なら、ＣＫＫ資産（知恵・工夫・経験）とは、必ず、どんなに小さな事業であっても、そこに、商品やサービスがあり、働くヒトがいる限り、否応なく生まれる資産だからなのです。

上図で最も大切なところは図の矢印が回転し続けているという事です。
即ち、継続です。
　自社の持つ【強み】の掘起しによる過去から現在までの業務の変遷と背景

をあらためて見つめ直す事での【気付き】。

そして、仕組化（権利化・保護化）した事からの新たなビジネス展開といった未来に向けた取り組み。

そして、そのビジネスの中から生まれる新たな「知恵・工夫」（強み）の掘起しへの流れは、脈々と受け継がれ成長する事が出来るのです。

久しく聴かなくなった言葉ですが、「温故知新」の言葉がふと頭をよぎります。
○前に学んだことや昔の事柄をもう一度調べたり考えたりして、新たな道理や知識を見い出し、自分のものとすること。
○古いものをたずね求めて新しい事柄を知る事と説明されています。

> 日本中の多くの小規模企業の中に埋もれている**「先人たちの知恵・工夫・経験」**は、世界に誇れる素晴らしい**【宝の山】**だという事です。

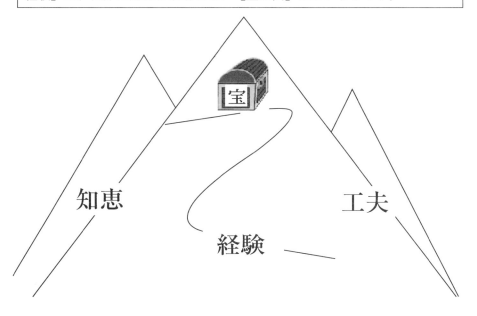

## 3．基本法と「小規模企業持続化補助金」

「小規模事業者持続化補助金」は、基本法における指針「事業の持続的発展」に関連して取り組まれた小規模事業者のための補助金です。

また、「小規模事業者持続化補助金」は、これまで行われてきた国による中・小規模企業への支援施策としての補助金・助成金とは、根本的に違った補助金とも言えます。

これまでのように、革新的な取り組みや海外進出へ向けての取り組みに対する補助金でないのです。
小規模企業が、行うこれまでの通りの経営を継続・持続する為の取組みに対しての補助金であるのです。

> 但し、筆者が考える「基本法」での「持続的発展」における、小規模企業の持つ「知恵・工夫・経験」（ノウハウ）の仕組化、権利化に向けての、フローチャート・マニュアル・営業秘密・商標権などの取組みについては、現時点では、まだ具体的に示されておりません。それらは、今後の施策で示されると聞いております。

現時点ではあくまで販路開拓に取組む費用での補助であります。その意味では、全ての小規模企業が申請する事が出来る助成金施策なのです。

公募期間は、平成２７年２月２７日から第１次受付締切は、平成２７年３月２７日、第２次受付締切：平成２７年５月２７日（水）でした。
次ページ以降に「平成２６年度補正予算　小規模事業者持続化補助金【公募要領】より抜粋）した概要を簡単にご紹介せさせて頂きます。

## ◎小規模事業者持続化補助金

　小規模事業者（注１）が、商工会議所・商工会の助言等を受けて経営計画を作成し、その計画に沿って販路開拓に取り組む費用の２／３を補助します。補助上限額：５０万円（注２、注３）。

（注１）小規模事業者とは、「製造業その他の業種に属する事業を主たる事業として営む商工業者（会社および個人事業主）」であり、常時使用する従業員の数が２０人以下（卸売業、小売業、サービス業（宿泊業・娯楽業を除く）に属する事業を主たる事業として営む者については５人以下）の事業者です。
（注２）補助対象経費７５万円の支出の場合、その２／３の５０万円を補助します。同様に、補助対象経費６０万円の支出の場合は、その２／３の４０万円が補助金額となります。また、補助対象経費９０万円の支出の場合には、その２／３は６０万円となりますが、補助する金額は、補助上限額である５０万円となります。
（注３）以下の場合は、補助上限額が１００万円に引き上がります。
　　　　①雇用を増加させる取り組み
　　　　②従業員の処遇改善に取り組む事業者
　　　　③買い物弱者対策の取り組み
（注４）原則として、個社の取り組みが対象ですが、複数の小規模事業者が連携して取り組む共同事業も応募可能です。その際には、補助上限額が１００万円～５００万円となります（連携する小規模事業者数によります）

| 経費内容 |
|---|
| ①機械装置等費、②広報費、③展示会等出展費、④旅費<br>⑤開発費、⑥資料購入費、⑦雑役務費、⑧借料、⑨専門家謝金<br>⑩専門家旅費、⑪車両購入費、⑫委託費、⑬外注費 |

【各費目の説明】

| |
|---|
| ①機械装置等費<br>　事業の遂行に必要な機械装置等の購入に要する経費 |
| ②広報費<br>　パンフレット・ポスター・チラシ等を作成するため、および広報媒体等を活用するために支払われる経費 |
| ③展示会等出展費<br>　新商品等を展示会等に出展または商談会に参加するために要する経費 |
| ④旅費<br>　事業の遂行に必要な情報収集（単なる視察・セミナー等参加は除く）や各種調査を行うため、および販路開拓（展示会等の会場との往復を含む。）のための旅費 |
| ⑤開発費<br>　新商品の試作品開発にともなう原材料、設計、デザイン、製造、改良、加工するために支払われる経費 |
| ⑥資料購入費<br>　事業遂行に必要不可欠な図書等を購入するために支払われる経費 |
| ⑦雑役務費<br>　事業遂行に必要な業務・事務を補助するために臨時的に雇い入れた者のアルバイト代、派遣労働者の派遣料、交通費として支払われる経費 |
| ⑧借料<br>　事業遂行に直接必要な機器・設備等のリース料・レンタル料として支払われる経費 |
| ⑨専門家謝金<br>　事業の遂行に必要な指導・助言を受けるために依頼した専門家等に謝礼として支払われる経費 |
| ⑩専門家旅費<br>　事業の遂行に必要な指導・助言等を依頼した専門家等に支払われる旅費 |
| ⑪車両購入費<br>　買い物弱者対策に取り組む事業で、買い物弱者の居住する地区で移動販売、宅配事業等をするために必要不可欠な車両の購入に必要な経費 |

⑫委託費
　上記①から⑪に該当しない経費であって、事業遂行に必要な業務の一部を第三者に委託（委任）するために支払われる経費（市場調査等についてコンサルタント会社等を活用する等、自ら実行することが困難な業務に限ります。）

⑬外注費
　上記①から⑪に該当しない経費であって、事業遂行に必要な業務の一部を第三者に外注（請負）するために支払われる経費（店舗の改装等、自ら実行することが困難な業務に限ります。）

（活用例）

　チラシ作成・ポスティング・ホームページ制作・新聞・雑誌・インターネット広告・看板作成・設置・販促用のグッズ（補助事業の広告が掲載されたポケットティッシュ等）・バリアフリー化等々

（補助対象となり得る取組事例）

　販促用チラシの作成、配布・販促用ＰＲ（マスコミ媒体での広告、ウェブサイトでの広告）・商談会、見本市への出展・店舗改装（小売店の陳列レイアウト改良、飲食店の店舗改修を含む）・商品パッケージ（包装）の改良・ネット販売システムの構築・移動販売、出張販売・新商品の開発・販促品の製造、調達　など

　次に、実際の小規模事業者持続化補助金に係る申請書を参考の為、ご紹介致します。申請の内容には、特に高度な取り組みは求められていません。

（様式１：単独１事業者による申請の場合）

平成２７年５月２０日

日本商工会議所　会頭　殿

　　　　　　　　　　　郵便番号
　　　　　　　　　　　住　　所
　　　　　　　　　　　名　　称
　　　　　　　　　　　代表者の役職・氏名　　　　　　　　印
　　　　　　　　　　　電話番号

平成２６年度補正　小規模事業者持続化補助金事業に係る申請書

　平成２６年度補正　小規模事業者持続化補助金の交付を受けたいので、下記の書類を添えて申請します。
　申請にあたっては、公募要領に記載された「重要事項」を確認し、その内容を十分に理解しています。
　また、申請書類の記載内容は真正であり、かつ、当社は、小規模事業者持続化補助金の交付を受ける者として、公募要領に定める「小規模事業者持続化補助金の交付を受ける者として不適当な者」のいずれにも該当しません。この誓約が虚偽であり、またはこの誓約に反したことにより、当方が不利益を被ることになっても、異議は一切申し立てません。

記

・経営計画書（様式２）
・補助事業計画書（様式３）
・事業支援計画書（様式４）　＊依頼に基づき、最寄りの商工会議所が作成します。
・補助金交付申請書（様式５）　＊補助金事務局でお預かりし、採択決定後に正式受理します。
　　その他必要書類

◇法人の場合
　・貸借対照表および損益計算書（直近１期分）
　・現在事項全部証明書または履歴事項全部証明書

◇個人事業主の場合
　・直近の確定申告書（第一表、第二表、収支内訳書または所得税青色申告決算書）または開業届
　　　＊収支内訳書がない場合は貸借対照表および損益計算書（直近１期分）を作成し提出

(様式2)

経営計画書

事業者名：株式会社

＜応募者の概要＞

| 主たる業種 | 中分類の番号※1 | 50 | 中分類上の業種名称※1 | 美容系事業コンサルタント | |
|---|---|---|---|---|---|
| 従業員数※2 | | 4人 | ＊従業員がいなければ、「0人」と記入してください。 | | |
| 資本金額 | | 300万円 | 創業・設立年月（西暦） | | 2010年5月 |
| 連絡担当者 | （ふりがな） | | 役職　代表取締 | | |
| | 氏名 | | | | |
| | 住所 | （〒556－0011）大阪市浪速区 | | | |
| | 電話番号 | 06-6632 | 携帯電話番号 | 090-5678 | |
| | FAX番号 | 06-6634- | E-mailアドレス | info@ | |

（日本商工会議所・補助金事務局からの重要書類や問合せは全て「連絡担当者」
（共同申請の場合は、原則、代表事業者の連絡担当者）宛てに行いますので、
正確にご記入をお願いいたします。電話番号または携帯電話番号は必ず記入をお願い
します。FAX番号・E-mailアドレスも極力記入してください。）

※1　公募要領45ページ記載の「業種分類」に基づいて、主たる業種の番号、業種名称をご記入ください。(小分類が記載されている業種については小分類を記入すること)

※2　公募要領27ページ2.（1）③の常時使用する従業員数の考え方をご参照いただいた上でご記入ください。なお、常時使用する従業員に含めるか否かの判断に迷った場合は、最寄りの商工会議所にご相談いただけます。
（従業員数が公募要領26ページ記載の「小規模事業者の定義」を満たす事業者のみ申請できます。）

※全ての申請者【必須回答】前回補助事業者は応募時に前回の実績報告書の写しの提出が必要です

| 前回（平成25年度補正）、持続化補助金の採択・交付決定を受け、補助事業を実施した事業者か否か | ☐前回の補助事業者である | ■補助事業者でない |
|---|---|---|
| （前回の補助事業者の方のみ）前回の補助事業での販路開拓先、販路開拓方法、成果を記載した上で、前回の補助事業と今回の補助事業との違いを記載してください。 | | |
| | | |

※法人のみ【必須回答】

| みなし大企業（公募要領47ページ【参考2】）に該当するか否か | ☐該当する | ■該当しない |
|---|---|---|

企業概要

株式会社　　　は、平成22年5月設立の美容商材等の企画販売のコンサルティング会社であります。弊社は、日本　　　　協会との業務提携を主業務としております。

日本　　　　協会は、全国120店舗の加盟店を持つ眉に特化したエステサロンの協会であり、弊社はその会員会費の徴収管理及び、入退会管理・セミナー企画管理を請け負っております。

また、弊社と協会理事長　　　による共同開発商品である＊1「　　カラー」

写真「　　カラー」

とは、アイブロー・Fゾーン・アイホール（Tポイント）の立体感を出すコスメ商品であり、メディア掲載としても「JJ」2008年1月号　女王コスメ大賞にて紹介され、同じく「JJ」2009年12月号では、読者モデルの特集「じゅんちゃん、ゆうちゃん早耳ビューティー」でのお気に入りアイテムとして紹介されました。

「　　カラー」の人気は、安定していますが協会会員のみでの販売の為、今後に於いても横ばいもしくは減少傾向であると思われます。

但し、「　　カラー」の商品力は、会員以外の一般の方向けにもメディア掲載などから十分な発信力があると思われます。

目元系の美容施術後のアフターコスメとしては「　　　カラー」及び「　　シル」

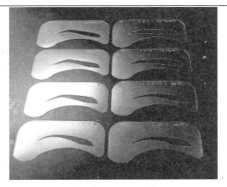

写真「　　　シル」

「　　　シル」とは協会理事長　　　　が 30 年余り、日本人の骨格を研究して、色々な眉型を考案した中から厳選した 8 種類ある眉毛用の定規です。アイブロウの提案をする時などに、ご活用して頂く事でベースとなる形を元に、太さ・長さ等の調整をするだけで、アイブロウの形を早く決める事ができメイク時間の短縮につながります。

＊1　　　　カラー

　　　　カラー仕入れ価格￥　　　　-

　　　　カラー協会会員への販売価格￥　　　　-

協会会員向けでの売上げに関して、　　　　カラーの月商（　　　円×　　個）月商約￥　　　　-程の売上げとなっております。

上記計算での　　　カラー年間売上げは約￥　　　　-

＊2　　シル

　　　　シル仕入れ価格￥　　　　-

協会会員への販売価格￥　　　　-

協会会員向けでの売上げに関して、　　　シルの月商（　　　円×　　　個）月商約￥　　　　-程の売上げとなっております。

上記計算での眉ステンシル年間売上げは約￥　　　　-

顧客ニーズと市場の動向
「　　　カラー」「　　　シル」の人気は安定していますが、協会会員のみでの販売である為、顧客のみをターゲットとするなら今後の売上げ増大は望めない。

自社や自社の提供する商品・サービスの強み
弊社が管理する　　　店舗ある協会サロンでは、月平均　人前後の来客数である事から、常時　名へのチラシやサロンスタッフによる商品告知が出来る強みを持っています。
また、日本　　協会理事長の　　　と弊社代表は親子であることも弊社の強みであります。
理事長は、美容関係では自身のサロン経営を含め、30年余りの経験を持ち、○○○という自身の開発に因る美容技法で、多くの著名な芸能人からの支持を受けております。
弊社が提供する美容商品は、この　　　の豊富な美容知識と経験に基づき開発されているという強みを持ち、且つ、彼女の持つ人脈によるメディアでの強い発信力があります。

経営方針・目標と今後のプラン
株式会社　　　　　では企業と企業、企業と消費者、消費者と消費者のマーケットでの出会い（縁作り）をサポートする戦略経営コンサルティング会社です。
クライアント企業様の立場に立ったトータルな企画・提案・運営を目指します。

※経営計画書の作成にあたっては商工会議所と相談し、助言・指導を得ながら進めることができます。
※欄が足りない場合は適宜、行数・ページ数を追加できます。

4　小規模企業振興基本法の目指すもの　　117

（様式３）

補助事業計画書

事業者名：株式会社　　　　　　　　
※共同申請の場合は代表事業者名を記入

1．補助事業の内容

| 1．補助事業で行う事業名（30文字以内） |
| --- |
| 美容商材（　　　　カラー・　　　シル）の一般向け販売事業 |
| 2．補助事業の具体的内容 |
| 日本　　　協会との業務提携による販路及びネットワークを使いホームページでの広告・販売。<br>一般ユーザーに向けてのオリジナル商品（　　　カラー・　　シル）販売のホームページ作成。<br>ホームページでは、既存の商品ユーザー（協会会員）からの感想レビュー・読者モデルや有名タレントさんからの紹介文を中心に作成します。<br>一般ユーザー向けの商材の受注・配送管理システムの構築。 |
| 3．共同事業について（＊共同事業の場合のみ記入し、共同申請でなければ本項目は空欄のまま提出すること）<br>（1）共同で事業を実施する必要性<br><br><br>（2）共同事業における参画小規模事業者の役割・取組（全ての参画事業者について記入し、体制図も記載すること） |
| 4．補助事業の効果 |
| 今現在協会会員向けでの販売実績は、　　カラー月商（　　円×　　個）　シル月商（　　円×　　個）月商総売上げは　　　　円となります。<br>ホームページでの一般ユーザー向けの告知での収益見込みは、3ヶ月で協会会員販売の約20％強が見込めると考えております。 |

※採択時に、「事業者名」および「補助事業で行う事業名」等が一般公表されます。
※欄が足りない場合は適宜、行数・ページ数を追加できます。

2. 経費明細表

(単位:円)

| 経費区分 | 内容・必要理由 | 経費内訳(単価×回数) | 補助対象経費 (税抜・税込) |
|---|---|---|---|
| 広報費 | ホームページ作成 一般向け商材宣伝 | 制作費 | 260,000 |
| 広告費 | ホームページ作成 一般向け受注・配送管理 | 受注・配送管理 システム構築費 | 500,000 |
| | | | |
| (1) 補助対象経費合計 | | | 760,000 |
| (2) 補助金交付申請額　　(1)×補助率2/3以内 | | | 500,000 |

※(2)の上限は50万円。ただし、
① 「雇用を増加させる取り組み」、「従業員の処遇改善に取り組む事業者」、「買い物弱者対策の取り組み」のいずれかの場合は、上限100万円。
② 複数の小規模事業者による共同実施の場合は、
　50万円×小規模事業者数(最高500万円)
③ 複数の小規模事業者による共同実施の中で「雇用を増加させる取り組み」、「従業員の処遇改善に取り組む事業者」のいずれかに該当する事業者がいる場合
　50万円×上記取り組みに該当しない小規模事業者数+
　100万円×上記取り組みに該当する小規模事業者数(最高500万円)
④ 「買い物弱者対策の取り組み」に該当する複数の小規模事業者による共同実施の場合は、
　100万円×小規模事業者数(最高500万円)

※以下のいずれかに該当する場合には、□にチェックを入れてください(共同事業の場合には、当該項目に該当する事業者を1者以上含む場合)。

□　雇用を増加させる取り組みを行う事業者(実績報告書提出時に、厚生年金・健康保険被保険者加入取得届および当該従業員の健康保険証の写しの提出が必須です)
□　従業員の処遇改善に取り組む事業者(申請時に、様式6および証拠書類の添付が必須です)
□　買い物弱者対策に取り組む事業者(申請時に、様式7および様式8の添付が必須です。)

3. 資金調達方法

＜補助対象経費の調達一覧＞

| 区分 | 金額(円) | 資金調達先 |
|---|---|---|
| 自己資金 | 260,000 | |
| 持続化補助金（※1） | 500,000 | |
| 金融機関からの借入金 | | |
| その他 | | |
| 合計額（※2） | 760,000 | |

＜補助金相当額の手当方法＞（※3）

| 区分 | 金額(円) | 資金調達先 |
|---|---|---|
| 自己資金 | 500,000 | |
| 金融機関からの借入金 | | |
| その他 | | |
| 合計額 | 500,000 | |

※1 補助金額は、2．経費明細表（2）補助金交付申請額と一致させること。
※2 合計額は、2．経費明細表（1）補助対象経費合計と一致させること。
※3 補助事業が終了してからの精算となりますので、その間の資金の調達方法について、ご記入ください。

（1．から3．の各項目について記載内容が多い場合は、適宜、行数・ページ数を追加できます。）

＜余談＞

　この持続化補助金を申請した会社さんのメインとなる販売先であり、且つ、一番の【強み】ともなっている全国に数百の会員サロンを持つ協会は、もともと個人で経営する町の小さなエステサロンさんでした。

　そのエステサロンの代表者さんから、自身が20年の経験を経て開発した独自の美容技術が、実は、いま「両刃の剣」となって困っているとの相談を筆者が受けたのです。

　代表者の開発した美容技術は、効果の持続が、これまでの技術の10倍以上の期間に及ぶ為、一度美容施術を行うと次の来店までのスパンが長くなってしまうので、お客さんには喜ばれる「長所」ではあるのですが、店側の売上としては微妙に「短所」でもあるといった話でした。

但し、この短所は、他店と比べて数倍の技術料により、ある程度はカバーできていましたが、長期で考えるとやはり、地域での顧客の絶対数からも、売上的に厳しくなるかもとの事でした。

　今後は、地域での潜在的（エステサロンを利用した事のないお客さん）なお客さんへ、この優れた技術を知ってもらう事で、新たなお客さんの掘起しの為の口コミによる営業戦術を行ったところ、意外にも地域の同業者さんからの問い合わせが多くあり、「技術を教わりたい」との声が掛かるようになったとの事でした。

　筆者としては、「それは、凄いですね！良かったじゃないですか」とお話しさせて頂いたのですが、代表者さんからは、「そうなんですけど、実は、その事で困っているのです。」のお返事でした。

　実際、授業料を頂いて技術を教えた迄は良かったのですが、教えた通りの技術をせずにダンピングで広告を出すお店さんが出てきて、その結果、地域にライバル店を作る事となってしまった事。
　自分が苦労して開発した技術の評判が下がってしまう事など、ますます先々の展望が暗くなってのご相談でありました。

　このようなお悩みでの相談を受けた筆者が、お手伝いさせて頂いたのが、本書でいう「仕組つくり（ノウハウ戦略）」でした。

　技術そのもののマニュアルやお客さんへの接客からアフターフォローまでのフローチャートの作成、そして、その技術の名称を商標権で独占化する。フランチャイズとしてのルールや権利を契約書や規約を作る。等々のお手伝いにより、3年で全国300店舗の会員を持つエステサロンと成りました。

ここまでの話を簡単に、まとめてみますと以下のようになります。

---

○国内の企業の数が年々著しく減少している。
○減少傾向が顕著な企業は、小さな会社である。
○国を挙げての危機意識の高まりから種々の法整備が成されてきている。
○「ノウハウ」流出防止の強化策としての【営業秘密管理指針】の全部改訂。
○小規模企業振興（持続化）の為の基本法の制定・施行。

---

　このような流れを受けての法整備（小規模企業振興基本法）であり、その中でも小規模企業が持つＣＫＫ資産（知恵・工夫・経験）が重要なキーワードである事。

　そして、そのＣＫＫ資産（知恵・工夫・経験）の多くが、「ノウハウ」である事が分かります。
　また、「ノウハウ」の活用では、まずは持続化のために「見える化・仕組化」が必要である事。

　発展の為には「権利化・保護化」が絶対的に必要となり、この取り組みは、国の推奨する知的資産経営といった経営手法に於いても同様であります。

　次に、本書でいう「仕組つくり（ノウハウ戦略）」の定義をどうして「人的資産の構造資産化」と呼ぶのか？について、その名称での表現についての説明と、実際にＩＡＰ協会で「人的資産の構造資産化」としてのお手伝いをさせて頂いた小規模企業の事例も併せてご紹介させて頂きます。

## 5 「人的資産の構造資産化」と事例

本書では、「小規模企業」の事業が持続できる為の仕組つくり、権利化・保護化が「人的資産の構造資産化」であり、「仕組つくり（ノウハウ戦略）」と位置づけています。この章では、この「人的資産」や「構造資産」とは、一体何なのか？について説明します。

まず、「はじめに」でも少し触れましたが、「人的資産」や「構造資産」の呼び名は、経済産業省が推奨する「知的資産経営」といった経営手法における資産の名称です。

経済産業省の「知的資産・知的資産経営」の定義については、3章でも紹介しましたので本章では省きます。

下図は経済産業省のＨＰにて紹介されている知的資産の分類イメージ図です。

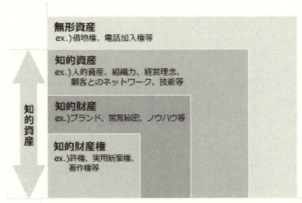

知的財産権、知的財産、知的資産、無形資産の分類イメージ図

注）上記の無形資産は、貸借対照表上に計上される無形固定資産と同義ではなく、企業が保有する形の無い経営資源全てと捉えている。

出典：経済産業省ＨＰ（知的資産経営ポータルサイト）より

ここで、あらためて本書でいう「ノウハウ戦略」を前図の分類に沿って説明をします。まず、前図では、「人的資産」は、知的資産のカテゴリーに分類されています。「ブランド」・「ノウハウ」・「営業秘密」は、知的財産のカテゴリーへ分類されています。

　本書では「ノウハウ戦略」＝「人的資産の構造資産化」としております。
　つまり、前図でいうと【知的資産の知的財産化】と読み替える事が出来ます。
　また、本書では小さな会社の仕組つくり（ノウハウ戦略）では、商標権も重要であると紹介いたしました。そして商標権は、知的財産権のカテゴリーに分類されます。

　以上の事から、「仕組つくり（ノウハウ戦略）」＝「人的資産の構造資産化」＝【知的資産の知的財産化・知的財産権化】となります。

　ＩＡＰ協会ホームページに於いては、「知的資産」を「知恵・工夫・経験」との解釈により以下のように紹介しております。

『人の力が支えている中小企業』だからこそ、『人の力が失われた時の危機』に備える必要があるのです。

**人の力を会社の力に変える。会社の力が、新たな人の力を生み出す。**この経営手法をＩＡＰ協会では【知的資産経営】と位置づけているのです。

ＩＡＰ協会では、【人的資産の構造資産化】を以下のように説明しています。

> 　自社の強みや優れたノウハウの見える化によって、「教育システム」「人的資産の評価・報償規定」「営業秘密」「営業マニュアル」「経営マニュアル」等が作成され、企業の構造資産となります。
> 　これらの構造資産は、金融機関をはじめとする会社関係者への自社アピールの大きな力となり、また、専門家による関係諸法令に基づく保護や権利化は、その客観的評価を充実する事となり、「信用」という関係資産の構築に繋がります。そして、構造資産の充実こそが事業承継のキーワードであり、中・小規模企業の多店舗展開やフランチャイズ化といった成長の源泉となります。
> 　また、関係資産の構築は「融資の拡充」や「社債（少人数私募債）の発行」といった中小企業に於ける直接金融による資金調達の道標ともなります。

**知的資産は、一般的に【人的資産】、【構造資産】、【関係資産】の３つに区分されます。この３つの区分は、知的資産が生まれた要因や知的資産の説明や管理をするための便宜上の区分であると考えて頂ければ良いと思います。**

　ＩＡＰ協会では、次表のように【知的資産（人的資産・構造資産・関係資産）】として、「人的資産の構造資産化」をご説明しております。

　※（注意）この【知的資産（人的資産・構造資産・関係資産）】の表の構成比に於ける中小企業・大企業の数値（％）及び理想値（中小企業）値（％）も協会の推奨する「人的資産の構造資産化」を中・小規模企業の皆さまに分

かり易くご理解頂く為に、便宜的に設定した数値であります。

因って、当該数値は、公的機関等の行う企業アンケート・調査報告等に基づくものではありません。本書においてもこの表をもとに述べていきたいと思います。

**知的資産**（人的資産・構造資産・関係資産）（人的資産の構造資産化）

| 分類 | 構成比 | | 内容 | 性質 |
|---|---|---|---|---|
| | 中小企業 | 大企業 | | |
| 人的資産 | 80% | 10% | 経営者・従業員の持つ技術や人脈・信頼・分析力・判断力・即応力・プレゼン能力等、優れた能力としての資産 | 人に帰属する資産<br><br>その人間が企業を離れると同時に失われる資産 |
| | 理想値（中小企業） | | | |
| | 30% | | | |
| 構造資産 | 10% | 40% | システム化・組織化・データベース・社内風土（ルール・規約等）・取引形態・フローチャート・マニュアル・教育訓練等の資産<br><br>→権利化・保護化 | 企業に帰属する資産<br><br>経営者の事故・従業員の退職等の人間の入れ替わりに影響されない資産 |
| | 理想値（中小企業） | | | |
| | 40% | | | |
| 関係資産 | 10% | 50% | 顧客・取引先・金融機関からの信用、社員からの信頼（安心度・期待値・将来性）⇨ 社員のモチベーション向上<br><br>→権利化・保護化 | 人と企業に帰属する資産<br><br>企業の持つ信用力・評価人的資産や構造資産に対する信頼としての資産 |
| | 理想値（中小企業） | | | |
| | 30% | | | |

**中小企業の多くは、人的資産80%、構造資産10%、関係資産10%**
資産の大半（80%）を占める人的資産を構造資産化することで会社が変化・成長・多角化し様々な可能性が高まります。

前図で、人的資産の構成比を中小企業に於いては、80％としており、これに対して大企業では、10％としております。
　これについては、「人的資産」の性質の項目を見て頂くと、「人に帰属する資産」となっておりますが、この「**帰属**」を「**依存**」と読み替えてみると分かり易くなります。
　つまり、中小企業での人に対する依存度が80％ という事です。

　これに対して大企業では10％となっていますが、決して大企業での人の価値、社員さんのスキルが低いという事ではありません。

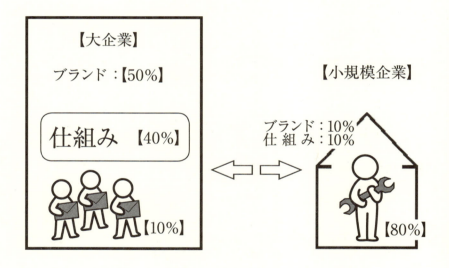

　それは、あくまでも中・小規模企業と大企業との対比上の数値であり、企業の人に対する依存度の大きさを表しています。

　実際、中・小規模企業での人的資産の多くを占めるのが、**経営者の人的資産**である事からの対比でもありますので、大企業の経営者への依存度と中・

5 「人的資産の構造資産化」と事例　127

小規模企業の経営者への依存度として捉えて頂いても良いのかも知れません。

　もう少し分かり易く申し上げますと、「社長がいなくなる、社長が代わる事により、企業の受ける影響度」と考えてみて下さい。

　いわゆる事業承継の問題となるのですが、小さな会社での社長交代は、事業の存亡に関わる事があります。
　一方、大企業での社長交代はというと、株価に若干の変動が有るか無しかで、企業の存亡に関わる事はまずないという事なのです。

　その意味において、大企業では中・小規模企業と比べるとヒトの入れ替わりが企業へ与える影響度は、問題にならない位に小さいという10％であります。

　そして、大企業がヒトの入れ替わりに影響されない大きな理由は、3つの資産の中で「構造資産」が40％を占めている事が大きな要因であります。

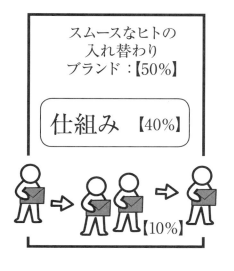
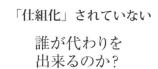

つまり、大企業になる為には、必然的に企業の持つ「ノウハウ」についての仕組化・権利化・保護化が図られているからなのです。

　大企業には、多くの部門や部署があり、設備に於いても国内外にあり、そこには多くの人達が働いています。

　到底、社長一人の頭の中に全ての活動を把握する事は出来ません。仕組化・権利化・保護化が図られて当然です。
　しかし、会社が大きくなったから、仕組化・権利化・保護化が図られたのでは無く、仕組化・権利化・保護化を図る事で、大きくなってきたのです。

　因みに大企業での「関係資産」を見てみると50％となっています。
　これは、いわゆる信用力・ネームバリューでありますので、容易にご納得頂ける数値であるかと思います。

　ただし、この信用力・ネームバリューを醸成し、維持・継続させているものも、「人的資産」では無く、やはり**【構造資産】**なのです。

　私たちが、大企業へ寄せる信頼・信用の中身は、その経営者・社長に対してではありません。
　その会社の持つ仕組みや・技術によって生みだされる商品やサービスに対する信頼・信用なのです。つまり、**構造資産化**されている事への信頼・安心という事です。

　しかし、反面、大企業の持つ信用力としての関係資産50％とは、社長や親族の個人的なスキャンダルや、若しくは、会社の方針や理念が社会性を持たない事を原因として、事業存亡の危機を招く事にもなるという数値でもあります。

## 5 「人的資産の構造資産化」と事例

> ＩＡＰ協会では、中小企業での理想的な知的資産の構成比を、大企業のそれを目指すのでは無く、『人的資産30％、構造資産40％、関係資産30％』を理想値としています。

勿論この構成比は、数値的に検証する事は困難であり、あくまでもイメージとしての構成比です。

この理想値で中小企業の【構造資産】は大企業と同じく40％としていますが、【関係資産】では、大企業の50％を目指すものではありません。

大企業での【関係資産】50％には、その信用力を維持する為の巨額の広告宣伝費が投入されており、その意味では、構成比として50％を超えているとも言えるでしょう

この50％を超える【関係資産】といえる信用力の維持費は、正直、中・小規模企業には重荷となる数値でもあります。

中・小規模企業の「仕組つくり（ノウハウ戦略）」は、決して、大企業化を目指すものではありません。

あくまでも、会社の継続性を強化する事を目的としての仕組化（権利化・保護化）であって、大きな費用を投入することなく実施できる仕組化でなければならないのです。

ＩＡＰ協会の目指す「仕組つくり（ノウハウ戦略）」（事業の持続的発展）では、「**小さい会社さんでも出来る強い会社づくり**」を目指しているのです。

その為、IAP協会では、中・小規模企業自身で「仕組つくり（ノウハウ戦略）」を取り組める為に、社内にそのような人材を育成するお手伝いをさせて頂いております。

そして、その「仕組つくり（ノウハウ戦略）」のスキルを習得した人材の事を「**知的資産プランナー**」として認証しております。

ここで、少しプランナー養成カリキュラムとして使用するテキストの中から「人的資産の構造資産化」のページを抜粋して紹介させて頂きます。

参考：知的資産プランナー養成テキストより抜粋

ⅱ．人的資産の構造資産化 → 著作物 から 営業秘密への転換
○アイディア・ノウハウを「表現したもの」は著作物としての権利が生まれる。但し、著作物として保護されるのは、原則としてその著作物の複製（コピー）を規制するのみであって、内容の記憶や実施を制限できない。

○アイディアの保護を適切に行うためには知的財産に関する法知識が不可欠。ビジネスの現場では、特許権などのように積極的に権利化できるものだけでなく、顧客データやビジネスモデルなど権利化ができないもの、あるいは製造ノウハウ、成分組成など権利化することが事業活動上不得策となるような情報を有している企業は多い。

○近年では、そのような営業秘密が意図せざる形で社外流出する事例が多いため、企業と従業員との間で秘密保持契約を締結する例が増えている。２００５年の不正競争防止法の改正では、在職中にその申し込みや請託を受けた場合には、退職者による営業秘密の不正使用や開示に対して刑事罰が科せられるなど営業秘密の重み、重要性が高まっている。

ⅲ．構造資産の関係資産化　→　強みから　商標権へ
○「アイディアやノウハウ」を企業の仕組み（構造資産）として表現（著作物）し、自社の強みとしての認識を企業として共有するための教育を行う。

○表現されたマニュアル・フローチャートを秘密管理する事の強み（営業秘密）を認識し、セールスポイントとして発信する為の名称（ネーミング）と明確に伝わる<u>魅せる化</u>を図る。

○名称（ネーミング）を商標権とする事で、外部からの信用の強化（関係資産）を図る。

ⅳ．関係資産による人的資産の醸成　→　信用から　<u>人材へ</u>
○構造資産の活用と、信用力の強化（関係資産）で、外部協力者（顧客・仕入れ元・金融機関）との関係を強める。

○関係資産は外部だけでなく、内部の人的資産（従業員）の醸成を促す為の働き（有用な従業員の獲得・従業員のモチベーションアップ）をする。

○他社との競争力に於いて、その多くをヒトの力（人的資産）に依存している中小企業では、ヒトの**「やる気」「創造力」「判断力」の集積が業績**として反映する。

つまりは、企業としての継続・発展を使命とする経営とは、その企業で働くヒトの力を最大限に発揮出来る環境創り（構造資産化）に他ならない。
　中小企業の経営源泉＝人の力（知恵・工夫・経験・技術 etc）・・・・・人的資産（個人に帰属）

> 人的資産の構造資産化の必要性：人が離れると同時に失われるため、「法人」としての継続・発展・事業承継の際、大きな困難が生じる。
> ↓
> 企業に帰属する構造資産＝企業の強み（経営者・従業員の人的資産）を構造資産化・・・・・構造資産（企業に帰属）
>
> 人的資産の構造資産化の課題：個人の資産を企業へ帰属させる事への対価・評価としての整合性（環境整備）が必要。
> ↓
> 企業の強みを対外的に発信し、その信用力の強化を図る関係資産の構築による、従業員（人的資産）の雇用環境の安定性・将来性の理解（モチベーション向上）。
>
> 企業の強みである構造資産の構築・権利化・保護化が企業の継続・発展に伴う従業員（人的資産）の将来性に明確なビジョンを提供（内部関係資産）。人的資産の価値を評価対象としうる明文化（社内規約・就業規則・報奨規程 etc）を持つ事での構造資産化（強み）の強化・促進（経営理念の共有化）。

　【知的資産（人的資産・構造資産・関係資産）】の表における個々の資産の内容と性質、ならびに上記のテキストにより「知的資産経営」を企業に導入する為の手順を見て頂きました。
　本書で言う「**人的資産の構造資産化**」とは、単に、経営者や従業員の持つスキルを書面化して、社内規約や法律により権利を持たすことが目的ではありません。

> 　ヒトに帰属する【人的資産】を企業に帰属する【構造資産】とする事で、ヒトの力への【依存型経営】では無く、ヒトの力を評価・活用できる会社経営【評価型経営】の構築を目指す事であります。

結果、小規模企業であっても、次のような事業展開が可能となるのです。

## 構造資産化することで会社が
## 変化・成長・多角化し様々な可能性が高まります。

### 経営再生

**顧客ユーザーに対して**
信頼性・ブランド価値の向上
新規顧客開拓のチャンス

理由
商品・サービスの質の裏付けが可視化されるため

**取引先に対して**
取引量の拡大
新規取引先の拡大

理由
取引メリットの裏付けが可視化されるため

**従業員・就職希望者に対して**
仕事のヤル気がアップ
新たに優秀な人材の確保

理由
企業の魅力・安心感の裏付けが可視化・共有化されるため

### 資金調達

**金融機関・投資家に対して**
資金調達の
可能性が拡大

理由
成長力・将来性の裏付けが可視化されるため

### 事業承継

**後継者に対して**
引き継ぎ、承継が
容易に

理由
知恵と工夫が可視化・仕組み化されているため

何より

経営者自身が
自社の魅力を認識出来る

**これにより、あらたな事業拡大戦略の展開（FC展開等）が可能に！**

IAP協会でお手伝いをさせて頂いた【人的資産の構造資産化】（ノウハウ戦略）の事例を次ページ以降で簡単に紹介させて頂きます。

## 1、小顔矯正「株式会社　美泉」の事例

店舗名：美泉ビューティーサロン（梅田店）
代表者：代表取締役　松村祐依
設立：2012年9月3日　　　資本金：1,000,000円
URL：http://bisen-kogao.com/

--- 業務内容 ---　①事業内容エステサロンの経営　②フランチャイズ事業
　　　　　　　　　③美容及びエステサロンに関する技術者養成スクールの経営

--- 直営＋フランチャイズ店 ---
　　　　　　　　美泉ビューティーサロン（東京麻布）直営店
　　　　　　　　美泉ビューティーサロン（広島福山店）ＦＣ店
　　　　　　　　美泉ビューティーサロン（神戸三宮）ＦＣ店
　　　　　　　　美泉ビューティーサロン（神奈川横浜店）ＦＣ店


--- 技術導入店 ---
　　　　　　トラスト（美容室）：奈良県
　　　　　　Relaxation space APARE －アペル－：広島県
　　　　　　整骨院　元（げん）-宇城松橋院-：熊本県
　　　　　　整骨院　元（げん）-くまなん院-：熊本県

※フランチャイズ店および技術導入店は、現在も着実に増えていっております。

## ノウハウ戦略（人的資産の構造資産化）導入の経緯

### 【導入前】

２００９年頃に「小顔矯正」に伴う技能講習（民間講習）を受講し、その技術習得を得た松村祐依（職業：モデル）は、その技術を用いて、小顔エステ店を大阪にて個人で開業しました。

## 「活用されていた人的資産」

① 蓋骨の矯正を特徴とするフェイシャルエステ技法。
② 代表者の前職であるモデル業を通じての人脈。
③ 実際の店舗運営により習得した接客ノウハウ。
④ 実際の店舗運営により習得したブログ・ＳＮＳを活用した営業ノウハウ。

実績として、上記の①～④の人的資産を活用し、優秀なスタッフの育成を行い、個人開業２年目にして、大阪での２店舗目を開業した。

スタッフの育成に於いては代表者自身の業務のサポートを通じて、概ね半年から１年の訓練を要する事で、２店舗目を店長として任せる事の出来る信頼関係の構築が成されました。

課題として、代表者は全国展開を目標としての開業であり、その為にはこれまでのやり方では、３店舗目を出す為に、数年の時間と資金の工面が必要となり、およそ全国展開は不可能と考えられていました。

### 【導入後】

代表者自身の持つ「人的資産」の構造資産化として、これまで代表者の行う施術を「技能マニュアル」として作成し、サロン運営でのポイントとなる接客技法に於いても「接客トークマニュアル」を作成しました。

次に個人営業からの法人成りを行い、金融機関等への信用力の強化と就業規則および個々の従業員規定を作成し、社員の責任の明確化を図った。

先の「技術マニュアル」「接客トークマニュアル」を営業秘密として管理する事を行い、これまでのサロン名であった「美泉」および頭蓋骨矯正の施術技法に「頭骨美矯正術」との名称により【商標登録番号】第５４８２５９６号、美泉のロゴマークを【商標登録番号】第５４８２５９７号、「美泉」を【商標登録番号】第５４８２５９８号により【登録日】平成２４年（２０１２）３月３０日で取得しました。

これらの「人的資産の構造資産化」により、これまでの業務（作業）を通じての信頼関係の構築やスタッフの育成が、フランチャイズ契約書・技術導入契約書といった法的な権利義務の締結による業務展開へと発展しました。

【結果】
直営を大阪（梅田）・東京に絞っての管理強化を図る事でフランチャイズによる拡大が可能となり、大阪（心斎橋店）、横浜店を展開すると共に、新たに整骨院などへの、小顔エステ技法を提供する技術導入契約による奈良・広島・熊本などへ展開が実現できた。

【今後の展開】
代表者の人的資産②③④の活用、および全国での多店舗展開によるスケールメリットの効果により、新たな関係資産となる芸能人を初めとする多くの著名人を顧客とした事から、ＦＣ希望者および技術導入希望者が、急激に増えています。
今後は、スクールの専門店として東京・大阪に開設する事となりました。

5 「人的資産の構造資産化」と事例　　137

**【金融機関からの評価】**
　営業秘密として管理する「技術マニュアル」「接客トークマニュアル」は、公証役場での【電子確定日付】の付与を行ない、ブランディングに向けての【商標権】の取得、及びそれらの権利を活用したフランチャイズ契約書・技術導入契約を事業の継続性・発展性を評価する定性評価（事業評価）の材料として、日本政策金融公庫を初め、他の金融機関からも有利な条件での融資を受ける事が出来ている。※現在では、融資申込に際して、企業概要書として提出する知的資産経営リポートに併せて、商標権の登録や営業秘密の管理規定等の資料を求められるようになりました。

## ２、一般社団法人　キッズ＆ジュニアスポーツコンディショニング協会の事例　（新たな事業展開）

株式会社　キャラ　（社団の設立母体）
代表取締役：巖　正美　本社所在地：大阪市北区
※株式会社キャラ　　http://www.cara-club.com
※（一社）キッズ　　http://www.kj-spocon.or.jp/

　株式会社キャラは、２０００年３月、日本で初めて「アロマセラピストとしてプロになる」ことを目標にしたスクールとしてスタート。
　大阪駅前の小さな貸会議室の１室でスタッフ２名、生徒２名からの始まりでした。

　現在は大阪、神戸、京都、姫路の４校になり、年齢、職業、生活スタイルなども違う、多くの生徒さんが夢に向かって学んでいます。

今では、4000名以上のキャラ卒業生が様々な分野で活躍しています。
　実績として、エステサロンへの就職サポート1,500名、独立開業支援200店舗および、「就職提携サロン」として、今ではサロン、ホテル、ショップなど314店舗があります。

## ノウハウ戦略（人的資産の構造資産化）導入の経緯
### 「活用されていた人的資産」
① アロマを活用したエステ技法。
② メディカルアロマを扱う医療機関との繋がり。
③ プロスポーツ選手へのコンディショニングケアの提供。
　（女子サッカー・INAC神戸など）
④ アロマスクール卒業生のネットワーク。
⑤ 代表者自身の経験（体の故障でのスポーツを断念）。

### 「活用されていた構造資産」
① アロマセラピストの養成スクールを4校運営。
② 養成カリキュラム。
③ 就職提携サロンとの契約。
④ 独立開業支援マニュアル。
⑤ 自社オリジナルOEM商品（アロマローション）。

　上記の資産を活用し、株式会社キャラとして、「アロマセラピスト養成スクール」と併せて、プロのアスリートのコンディショニングをケアする事業を現在も運営しております。

5 「人的資産の構造資産化」と事例　139

　そして、代表者自身にもサッカーをする小学生の２人の子どもに、自宅でアロマローションを使ってコンディショニングケアをしておりました。
　また、スポーツに励むお子さんを持つパパやママが、「アロマセラピスト養成スクール」で学んだアロマセラピストの技術を自身のお子さんに行い、子供たちからも大変喜ばれている事を知りました。

　代表者は、プロのアスリートへのコンディショニングケアも勿論大事だが、「スポーツをがんばる子供の為のコンディショニング」の普及が出来れば、日本のスポーツ環境が大きく変わるのでは？との思いから、家庭で、親子で、出来るコンディショニング手法を構築できないかと考え、ＩＡＰ協会にご相談に来られました。

　ＩＡＰ協会では、人的資産の構造資産化という仕組つくり（ノウハウ戦略）の支援を行っておりますので、株式会社キャラさんの場合は、既にある程度の構造資産化が図られていた事から、新たに作る「一般社団法人キッズ＆ジュニアスポーツコンディショニング協会」でのお手伝いは、既にある「人的資産」「構造資産」の並べ替え・組合せから始めさせて頂きました。

　そして、今回のプロジェクトでのキーとなる「パパママトレーナー」の商標権の取得とその講座に於けるテキスト・マニュアルや協会の団体スタイルにあった協会規約及び契約書類の作成などをお手伝いさせて頂きました。

　「一般社団法人キッズ＆ジュニアスポーツコンディショニング協会」は、現在では関東・関西を中心に毎月の講座の開校を行い、ほぼ定員一杯の状況で展開されています。

　協会代表の巖正美氏の目指す「お父さん、お母さんが子どもの体に触れ、

一緒に未来の夢を見る」そんな「パパママトレーナー」が日本に「文化」として深く根づき、親子が一緒になって感動を分ち合う。そんな光景が一日も早く訪れる事を心より期待いたします。

## 3、一般社団法人　全国古家再生推進協議会の事例

会社名：株式会社 オークマ工塗（社団の設立母体）
設立：平成4年9月16日　所在地：東大阪市
代表取締役：大熊 重之
ＵＲＬ：http://zenko-kyo.or.jp/

金属塗装・樹脂塗装・焼付塗装・電着塗装・デザイン塗装のプロとして「塗装を通じてものづくり企業への貢献」を理念とする大熊社長が持つ人的資産の構造資産化として、立ち上げられた（社）全国古家再生推進協議会であります。
沿革は、以下の通りです。

| | |
|---|---|
| 平成24年2月 | ㈱オークマ工塗　カラーズバリュー事業部として塗装技術を活用したマンションの空室対策事業を開始、同時に、技術者（一人多能工）を養成するルームリファインスクール開講 |
| 平成24年11月 | 経営革新計画認証（大阪府指令経支第1122－15号） |
| 平成24年12月 | 東京事務所・モデルルーム設立 |
| 平成25年1月 | 大阪東信用金庫ビジネス大賞　特別賞受賞 |
| 平成25年4月 | 埼玉事務所設立 |
| 平成25年8月 | 小規模事業者活性化補助金認定 |
| 平成26年2月 | 株式会社カラーズバリュー設立 |
| | ・マンション向けの空室対策のリフォーム実績　220戸超・戸建て（古家）の活用（リフォーム）実績　300戸超　・新規（今まで不動産投資をしたこと |

> がない）大家さん 90 人実績（2015 年 12 月時点）
> 平成 26 年 7 月：一般社団法人　全国古家再生推進協議会　設立

　上記の平成 24 年に大熊社長は、自身の持つ塗装技術を使ったリフォーム業務に取り組まれ平成 26 年には、事業部から独立した法人成りによる株式会社カラーズバリューを設立されておりました。

　ＩＡＰ協会へご相談に来られたのもその頃でした、大熊社長には、塗装技術によるマンションリフォームの利点や空室対策のノウハウについて熱心にお話しをして頂きました。

　また、ご自身がそれらのノウハウを使って不動産投資を行い、良い利回りでの運用が出来ている事もお聞かせ（敬聴力）頂きました。

　社長のご相談内容は、「株式会社カラーズバリューで工務店さん向けに塗装技術を用いてのリノベーションについてのノウハウを講座形式で行い、それなりの卒業生も出ていますが、その先が進まない。」「せっかく身に付けたはずのノウハウを工務店さん達が、うまく活用できていない。」との事でした。

　ＩＡＰ協会では、大熊社長に人的資産の構造資産化という仕組つくり（ノウハウ戦略）についてのお話をさせて頂きました。
　そして、社長の持つ人的資産を再度、敬聴力によりお聞かせいただき、簡単にホワイトボードにまとめてみました。

　その結果、社長は、リノベーション技術・不動産投資については、講座で教えているが、その活用と運用に於いて、社長の持つ「知恵・工夫・経験」（ＣＫＫ資産）を目に見えるモノとして伝えていない事の【気付き】がありました。

そして、この【気付き】から、生まれたのが次表にある（社）全国古家再生推進協議会としての仕組みであります。

一般社団法人　全国古家再生推進協議会の仕組みと組織関係図

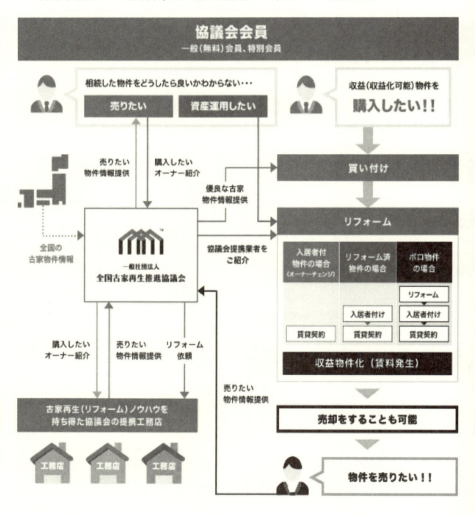

> 既に、お気付きのように私たち（社）ＩＡＰ協会は、「何も教えない先生たちの集団です。むしろ、教えて貰う専門家です。」
>
> 私たちが行なうのは、クライアントさんの持つ「知恵・工夫・経験」（ＣＫＫ資産）を「教えて貰う事。（敬聴力）」「そのＣＫＫ資産をクライアントさんに見える文字とする事。」「ＣＫＫ資産の権利化・保護化。」です。
> その並べ替えや組合せは、クライアントさん自身が行ないます。
>
> **<u>何故なら、全ての答えは、その道のプロであるクライアントさんの中にあるからです。</u>**

# 6 「仕組つくり(ノウハウ戦略)」での営業秘密管理

## 1．営業秘密管理とは

　本章では、営業秘密を管理するとはどういう事か、についてご説明させて頂きます。

　小規模企業で、自社の経営の源泉であると思われる「ノウハウ」について、その「ノウハウ」を営業秘密として管理することの意義は、次の三つの観点から諸々の対策に取り組むということになります。

> 　1　自社にとって大事なノウハウ(情報を含む)を、大切に保護すること。
> 　営業秘密の管理の第一は、自社にとって大事な情報を大切に保護することです。
> 　自社の得意とする分野における競争力、収益性、将来性等を見極めたうえで培ってきた技術やノウハウが、知らぬ間に他社に流出してしまう事や、自社の成果にただ乗りして利益を上げるような他者の行為を、防止する必要があるとの認識を持つこと。

> 　2　現在では、コンプライアンスが重視される時代である事の認識から、自社の従業者が、他社の営業秘密を侵害しないこと。
> 　自社の営業秘密を守ると同じように、他社から開示・提供を受けた他社の営業秘密に対しても、侵害しないよう注意を払う必要があります。
> 　営業秘密の不正行為に因る侵害には、営業秘密の不正取得、不正使用、不正開示行為があります。

> 3　経営者と従業員が共通の認識を持って取り組むことが、大変重要である事。
> 　営業秘密の管理は、**営業秘密を取り扱う「人」が大きな要素となるからです。**
> 　経営者と従業員が協力して、組織として営業秘密管理に対する共通の認識を持つことが最も重要です。
> 　ただし、社内規程を定めて従業員に守らせることは必要ですが、いたずらに罰則を振りかざすものであってはなりません。
> 　従業員への「自社の営業秘密」の重要性の認識を醸成することで、営業秘密の漏洩や他社の営業秘密の侵害を起こさないように取り組む事が必要なのです。

　次に、「営業秘密」の法律における位置付けを【不正競争防止法】と【知的財産基本法】から見ていきます。

**【不正競争防止法】**における営業秘密の位置づけでは、

　〈不正競争防止法〉第2第6項では、『「営業秘密」とは、秘密として管理されている生産方法、販売方法その他の事業活動に有用な技術上又は営業上の情報であって、公然と知られていないものをいう。』となっています。

**【知的財産基本法】**における営業秘密の位置づけでは、

　〈知的財産基本法〉第2条第1項では、『「知的財産」とは、発明、考案、植物の新品種、意匠、著作物その他の人間の創造的活動により生み出されるもの（発見又は解明がされた自然の法則又は現象であって、産業上の利用可能性があるものを含む。）、商標、商号その他事業活動に用いられる商品又は

役務を表示するもの及び営業秘密その他の事業活動に有用な技術上又は営業上の情報をいう。』

第2条第2項では、『「知的財産権」とは、特許権、実用新案権、育成者権、意匠権、著作権、商標権その他の知的財産に関して法令により定められた権利又は法律上保護される利益に係る権利をいう。』となっています。

このことから、「営業秘密」は、知的財産である事は勿論であるが、知的財産権でもあると言えるのです。

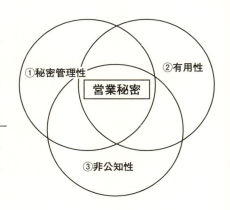

不正競争防止法によって「営業秘密」が保護されるためには、2章1項でも述べたように
①秘密管理性 ②有用性
③非公知性の3つの要件が全て満たされている事が必要です。

これらの営業秘密保護の3要件について、具体的に何が必要であるのかを簡単にご説明します。

1 秘密として管理されていること（秘密管理性）
　秘密管理性とは、事業者が情報を主観的に秘密として管理しているだけでは不十分であり、客観的にみて秘密として管理されていると認識できる状態にあることが必要です。

秘密の客観的認識として、「**極秘**」「**秘**」「**社外秘**」等の適切な秘密表示をしたうえで、守秘義務・使用制限義務を課すこと、従業者に指導し周知徹底すること、秘密情報を台帳管理すること等をいいます。

## 2 事業活動に有用な情報であること（有用性）

有用性とは、その情報の保有者の主観によって決められるものではなく、**客観的に有用であることが必要です。**

情報が、客観的に事業活動に使用されたり、使用されることにより費用の節約、経営効率の改善等に役立つものであることが必要ですが、これには現在の事業のみならず将来の事業に活用できる情報も含まれます。

ただし、犯罪の手口や脱税の方法といった反社会的な情報は、法的な保護の対象に値しないもので、そのような公序良俗に反する内容の情報は有用性があるとは認められません。

## 3 公然と知られていないこと（非公知性）

非公知性とは、その情報が刊行物に記載されていない等、情報の保有者の管理下以外では一般に入手できない状態にあることが必要です。

書物、学会発表された情報は公知のものとなり、非公知とはいえなくなります。**その情報を知っている者が多数いる場合でも、各自が秘密にしていることでその情報が業界で一般に知られていない場合には、非公知といえます。**

第三者が偶然同じ開発をして、その情報を保有していた場合でも、その第三者もその情報を秘密として管理していれば、非公知といえます。

営業秘密を第三者へ開示する場合には、**秘密保持契約を締結したうえで開示することが重要である**といえます。

前記の３要件に於いて、最も求められる要件は【営業秘密管理】であり、その管理がなされているとの判断基準が、**合理的区分**と**認識可能性**である事は、既に２章１項でもお話しさせて頂いた通りであります。

　また、本章の冒頭にての秘密管理の意義の３番目にある「人」による管理が、小規模企業での【営業秘密管理】において、最も重要であります。
　ここで、営業秘密に伴う【人的管理】について、ご説明させて頂きます。

　【人的管理】での重点事項は、以下の３点となります。

---

① 営業秘密を開示する側と開示される側の双方が納得できる方法で、開示される側が負う責務の内容について共通認識を形成し、双方が協力して管理していく必要があります。

② 営業秘密の取扱いに関するルール等について日常的に教育・研修を実施します。組織体制内に教育・研修責任者を設置し、秘密管理の重要性や管理組織の概要、具体的な秘密管理のルールについて、日常的に教育・研修を実施することが重要です。

③ 相手方に応じた適切な管理をします。役員・従業者に対しては就業規則や各種規程に秘密保持義務を規定し、在職中の役員・従業員が負う秘密保持義務を明らかにしておくことが重要です。

---

具体的には
〇入社時や個別のプロジェクト参加時には秘密保持誓約書を貰っておくことが重要です。

〇退職者に秘密保持義務を課す場合には、対象となる秘密情報を明確にした

秘密保持契約を締結する、又は秘密保持の誓約書を貰っておくことが必要です。

　退職者に同業他社には就職しないという競業避止義務を課す場合がありますが、競業制限の期間や場所的範囲、制限する業種の範囲等が「合理的範囲内」の競業制限でなければ、<u>競業避止契約の有効性が認められない</u>点に注意する必要があります。

〇派遣従業者に対して秘密保持義務を課す場合には、雇用主である派遣元事業主との間で秘密保持契約を締結し、派遣元事業者が派遣先に対し、派遣従業者による秘密保持に関する責任を負うこととするのが望ましいです。

〇他の会社からの転職者を採用する場合、他社の情報に関するトラブルを回避する観点から、転職者が前職で負っていた秘密保持義務や競業避止義務の内容を確認することが必要です。
また、採用後も業務内容を定期的に確認することが望ましいです。

〇「営業秘密」を取引先に開示する場合には、「秘密管理性」を維持するために秘密保持義務を含んだ契約を締結することが必要です。
また、取引先の「営業秘密」を取得する場合にも、それが自社情報との間で、情報の混入を生じないようにする対応が必要です。

　次に、「営業秘密」に係る「不正競争」について簡単にご紹介させて頂きます。営業秘密に係る不正な取得・使用・開示行為を不正競争防止法では「不正競争」といいます。

　不正競争防止法1章2条に不正競争行為の定義が示されており、営業秘密に伴う当該行為は、4号から9号の6つのパターンに分けられています。

> 四号：窃取、詐欺、強迫その他の不正の手段により営業秘密を取得する行為（以下「不正取得行為」という。）又は不正取得行為により取得した営業秘密を使用し、若しくは開示する行為（秘密を保持しつつ特定の者に示すことを含む。以下同じ。）

※不正な行為とは、営業秘密の保有者から窃盗、詐欺、恐喝、業務上横領、盗み撮り、ハッカー等の手段で営業秘密を取得する行為。

使用する行為とは、製造販売等の事業活動に活用する、営業活動をすることをいいます。

> 五号：その営業秘密について不正取得行為が介在したことを知って、若しくは重大な過失により知らないで営業秘密を取得し、又はその取得した営業秘密を使用し、若しくは開示する行為

※不正な手段で取得したことを知らなかった場合も含まれます。例えば、ライバル会社の元役員クラスの者から営業秘密を買い取る行為。

> 六号：その取得した後にその営業秘密について不正取得行為が介在したことを知って、又は重大な過失により知らないでその取得した営業秘密を使用し、又は開示する行為

※例えば、営業秘密を取得した後に、保有者から警告を受けて不正取得の事実を知ったにもかかわらず、その営業秘密を使用し続ける行為。

（注）H22.7.1前の行為については、改正前の不正競争防止法が適用される。

> 七号：営業秘密を保有する事業者（以下「保有者」という。）からその営業秘密を示された場合において、不正の利益を得る目的で、又はその保有者に損害を加える目的で、その営業秘密を使用し、又は開示する行為

※不正の利益を得る目的とは、公序良俗又は信義則に反して、自己又は他人の不当な利益を得る目的（図利目的）をいいます。保有者に損害を加える

目的とは、営業秘密の保有者に対し、財産上の損害、信用の失墜等の不当な損害を与える目的（加害目的）をいいます。

> 八号：その営業秘密について不正開示行為（前号に規定する場合において同号に規定する目的でその営業秘密を開示する行為又は秘密を守る法律上の義務に違反してその営業秘密を開示する行為をいう。以下同じ。）であること若しくはその営業秘密について不正開示行為が介在したことを知って、若しくは重大な過失により知らないで営業秘密を取得し、又はその取得した営業秘密を使用し、若しくは開示する行為

※重大な過失により、不正開示行為の介在を知らなかった場合も含まれます。不正開示行為とは、図利・加害目的あるいは弁護士・弁理士・公認会計士等の法律上の秘密保持義務を負う者の守秘義務に違反して営業秘密を開示する行為をいいます。

> 九号：その取得した後にその営業秘密について不正開示行為があったこと若しくはその営業秘密について不正開示行為が介在したことを知って、又は重大な過失により知らないでその取得した営業秘密を使用し、又は開示する行為

※重大な過失により、そのことを知らなかった場合も含まれます。

次に、他者により営業秘密の不正な取得・使用・開示行為を行われた場合の、民事訴訟についてお話しさせて頂きます。

民事訴訟として、「差止め請求」、「損害賠償請求」、「信用回復措置請求」を求めることができます。これらの民事的保護を受けるためには、次の刑事的保護の場合も同ようですが、該当する秘密情報が**営業秘密としての要件を満たしていることが前提**となります。

**要件を満たしていないものは、営業秘密に該当しませんので、仮に、営業秘密の不正使用等により、大きな損害が発生したとしても、「差止め請求」、「損害賠償請求」、「信用回復措置請求」等の保護も受けられません。**

こぼれ話

　ＩＡＰ協会が顧問を務めている会社さん（Ｊ社）の創業の経緯についても、この「営業秘密」の３要件についての問題が関わっています。

　詳細については、お話しできないのですが、Ｊ社の社長さんは、元々Ｊ社と同業の会社さんの役員（専務）であり、業務全般を取り仕切っておりました。
　当時の会社さん（前職の会社：Ｘ社）は、年商１０数億の会社さんで、業界ではダントツに首位でありました。

　勿論、専務の長年の実績に因るものですが、それは、やはり専務個人の持つ「人的資産」と呼ぶべきもので、会社での仕組化や権利化が遅れていると感じておりました。
　専務は、Ｘ社の社長に再三に渡り、その「仕組化」について進言しておりましたが、この専務の考える「仕組化」で最もウェイトを占める部分に「社員全体の待遇改善（報酬の見直しを含む）」がありました。

　Ｘ社の社長は、「業績を支えているのは、Ｘ社の業界でのブランド力であり、社員の営業努力等については、現在の待遇でも十分に反映している。」との考えから、専務の進言については、絶えず平行線でありました。

　ただ、専務は、「自分が今までのように最前線で営業を始め、製造部門や外注先の条件設定に走れるのも、そんなに長くはない。
　また、自分の指示で動いてくれる社員にも十分な経験がついてきている

ので、これからは、ある程度の訓練を通して、個々の責任者や部門長として頑張って貰う事が可能だが、Ｘ社には、【全てにおいて専務の指示で行う】のみのルールでしか動いていない。」

「このままでは、自分に何かあればＸ社は、社員たちは、どうなってしまうのだろう？」との思いから、Ｘ社の社長との軋轢は、とうとう「じゃ、辞めてしまえ！お前がいなくてもＸ社は、何の問題もない！」との最悪の関係になってしまったのです。結果、専務は、Ｘ社を追われる事となりました。
　この話で「営業秘密」がどのように関わるかについては、概ね気付かれている方もいると思いますが、お気づきの通りです。

　専務は、Ｘ社を追われて間もなくＪ社を立ち上げます。そして、専務のこれまでの業界での信用とネットワークやノウハウから、２年もせずに数億の売上の会社に成長しました。ＩＡＰ協会では、Ｊ社の立ち上げに際して、前職での「営業秘密管理」の状況を聞かせて貰った上で、Ｊ社の設立および専務の持つ「知恵・工夫・経験」（ＣＫＫ資産）の仕組化をお手伝いさせて頂きました。

　Ｘ社はというと、大きく売り上げを下げてしまう事となりました。当然、Ｊ社とＸ社は、業界でのライバル会社となりますので、予想通り「営業秘密」を不正に使用した等の損害賠償請求の訴訟がＸ社によってなされました。
　その請求額は２億近い請求でありましたが、最終的には３０万での和解となりました。
　裁判官は、Ｘ社がそもそも専務のノウハウを「営業秘密」として認識し、且つ管理されていたか？が、本訴訟での請求根拠であるとして、Ｘ社にその説明と根拠となる証拠の提示を求めましたが、Ｘ社では、そのような認識も仕組みやルールも無く、ただ専務のスキル頼みのみで運営がなされていた事が明白となっただけでした。結果、裁判官からの提案を受けての和解となったのです。

> 　ここまでの話だけでは、お伝えしにくい部分もあるのですが、個人のスキルに依存した経営といったケースは、小規模企業では、ごく普通の経営スタイルだと思います。但し、事業の継続といった視点からでは、間違いなく限りなく不安定な経営となっている事。また、個人のノウハウを企業の仕組みとする事で、初めて、そのノウハウが企業にとって「価値のある資産」であるとして、法的に保護される事になる。との事例としての紹介でした。
>
> 【おまけ】
> 　J社では、ノウハウの仕組化により、その企業の継続性や収益性が目に見える形とする取組みからの創業です。また、自社の持つノウハウの価値について社員との共有を心掛ける会社創りであった事から、創業後、間もなく「少人数私募債」を3000万円発行いたしました。（役員、社員等を対象に）
> 　「少人数私募債」については、本書の9章で触れさせて頂きます。

1　差止め請求

不正競争によって営業上の利益を侵害された者は、その営業上の利益を侵害した者に対して、販売の停止などの侵害の停止又は予防を求めることができます。

他人の営業秘密である技術情報を用いて製作された商品などの侵害の行為を組成した物に対しては、その物の廃棄を求めることができます。

現在侵害されていなくても、侵害されるおそれがある場合にも同様に請求できます。

2　損害賠償請求

故意又は過失により、不正競争によって営業上の利益を侵害された者は、その営業上の利益を侵害した者に対して、損害賠償を求めることができます。

損害賠償の額は、侵害した者が「侵害により受けた利益の額」と推定することができます。

具体的な賠償額は次のいずれかにより算出された額となります。

① 技術上の営業秘密の場合は、「被害者がその侵害行為がなければ販売することができた被害品の１個あたりの利益額×侵害者が販売した侵害品の数量」で算出した額。
② 侵害行為による侵害者の利益の額。
③ 使用許諾料相当額。
④ 裁判所が認定した相当の額（損害額を立証することが困難な場合）。

3　信用回復措置請求

故意又は過失により不正競争を行って他人の営業上の信用を害した者に対しては、その信用を回復するために必要な措置を求めることができます。

謝罪広告の掲載を求めることなどができます。

次に、他者により営業秘密の不正な取得・使用・開示行為を行われた場合の、刑事罰についてお話しさせて頂きます。

1　営業秘密侵害罪は、刑事罰の対象となります

営業秘密の取得・使用・開示行為のうち、正当な目的による行為は対象外としたうえで、不正の利益を得る目的や保有者に損害を加える目的による行為は刑事罰の対象となる場合があります。（営業秘密侵害罪となります。）

罰則は、**１０年以下の懲役若しくは１０００万円以下の罰金、又はこれを併せて科されます。**

秘密保持命令違反の場合は、**5年以下の懲役若しくは500万円以下の罰金、又はこれを併せて科されます。**

営業秘密侵害罪及び秘密保持命令違反に対する罰則は、被害者の告訴があって、はじめて罪に問われることとなります。（親告罪といいます。）

2　国外犯も刑事罰の対象となります
日本国内で管理されている営業秘密を海外で不正使用・不正開示する行為も、刑事罰の対象となります。
対象となる営業秘密は、詐欺等行為又は管理侵害行為が行われたときに日本国内で管理されていた営業秘密及び営業秘密の保有者から正当に示されたときに日本国内で管理されていた営業秘密です。

これらについて、日本国外で不正使用・不正開示行為が行われた場合、日本国内で不正使用・不正開示行為が行われた場合と同ように、処罰の対象となります。

3　法人も処罰の対象となります
従業者が法人の業務に関して営業秘密侵害罪を犯した場合、それを行った行為者自身が処罰（懲役・罰金）されるほか、その者が所属する法人に対しても罰金刑が科されます。
**罰則は3億円以下の罰金が科されます。**法人の処罰については、<u>従業者の選任・監督に関して法人の責任が問われることになります。</u>

法人には過失が推定されますので、法人処罰を免れるためには、積極的、具体的に違反行為を防止するために必要な注意を尽くしていることを立証することが求められます。

以上が、営業秘密管理に関わる、理解しておくべき「意義と要件・重点事項」および民事罰・刑事罰の概要であります。

営業秘密　こぼれ話

出願申請後20年と存続期間の限られている特許権と異なり、企業はその営業秘密を永遠に独占できる可能性がある。

この「営業秘密」で、題材となるものに、コカ・コーラの液体成分 (formula) があります。「この成分表が信じられないくらいに厳重に管理されてる。」「その成分表のしまわれている金庫は、ミサイルでも壊れない。」などの話がよくされます。

コカコーラは、全世界で飲まれてはいるが、それは、全世界にコカコーラの生産工場があるのでは無く、ビン詰めの会社（ボトラー）があるだけなのです。

世界中のボトラーに対して輸出されるコカ・コーラの原液の成分はいまだに創業者一族のうちのごく数人しか知らないトップシークレット（営業秘密）として厳重に管理されているとの事です。

1880年代の会社設立以来100年以上を経た現在でも、コカ・コーラの液体成分はCoca-Cola® のブランドと並んでコカ・コーラ社最大の資産とされています。

米国で2大営業秘密といえば、コカコーラの配合とKFCのフライドチキンのレシピですが、コカコーラの配合は、ジョージア州の骨董品ディーラーがテネシー州の遺品処分セールで購入した書類箱の中からタイプで打たれた1943年1月の日付のものが見つかったと言われています。

この配合表はインターネット等で公開されている約130年前のコカコーラのオリジナルの配合（コカインを含むコカ葉のエキスが10%も含まれていた）よりもかなり現在の配合に近いものと思われますが、骨董品ディーラーのもつ配合表が真正なものであることをコーク社は否定しています。

> コカコーラの配合は世界で2名しか知らず配合表は本社のあるアトランタに厳重に保管され秘密は守られていると言っています。
> 　KFCのフライドチキンレシピは、Colonel Harland Sandersの自筆の古い原稿が発見されその中に記載してあるレシピがインターネットで公開されていますが、現在のレシピは依然としてトップシークレット（営業秘密）となっており、スパイスミックスの製造もブレンドを小分けして別々の場所で行うなどしており、また、全社で2名しか全レシピを知らず、もう一人は金庫のコンビネーションを知っているが、一握りの人しかこの3名が誰なのかを知らず、また、安全のため上記の3名は同じ飛行機に乗って旅行したり、一緒の車に乗ることを禁じられているということです。

## 2．「先使用権制度」の活用

　営業秘密についての「意義と要件・重点事項」および民事罰・刑事罰のお話しから、営業秘密の大切さは勿論ですが、その法的な強さについても感じて貰えたと思いますが、営業秘密は無敵ではありません。

　特に、商品や製品に伴うノウハウについての営業秘密管理においては、特許等の産業財産権との兼ね合いから、「先使用権」の確保も必要となります。

　自社で開発した機械部品や製品を「営業秘密」として管理していたとしても、仮に他社が同様の機械部品や製品の特許権を取得した場合。「営業秘密」のみでは対抗できないのです。

　つまり、特許権を持っている会社からの差止め請求や損害賠償請求を受けても勝てないという事です。

そこで、商品・製品等における営業秘密管理には、「先使用権」による保全対策も必要という事になるのです。

先使用権とは特許法に規定されている「先使用による通常実施権」の事です。

先使用権の対象となっている発明、あるいは将来先使用権の対象となり得る発明を「先使用発明」といいます。

「先使用による通常実施権」の考え方は、実用新案法、意匠法にも規定されていますので、特許権、実用新案権、意匠権において共通に認められたものです。

特許権は、先願主義の原則により権利を取得する制度ですが、例外としての先使用権制度があるのです。

わが国を含む大多数の国では、同一内容の発明を複数の者が成した場合には、先に特許出願した者（先願者）だけが特許権を取得できることを大原則としています。

これを**先願主義**といいますが、先願者が特許権を取得すると、先願者より先に独立して同じ発明をした者でも、先願者の特許権に服し権利行使を受けることになります。

これに対して、先願者の特許出願時以前に独立して発明を完成させ、その発明を実施して事業をしていた者、あるいは事業の準備をしていた者（先使用権者）には、先願者の特許権を無償で実施し、事業を継続できるようにするのが「**先使用権制度**」なのです。

先使用権は先願主義の例外として認められるもので、先願者の特許権と、

その例外としての先使用権とのバランスを図るものです。

なので、小さな会社のノウハウ戦略に於いても、商品や製品の製造に関してのノウハウを「営業秘密」として管理する場合、他社の産業財産権に伴う権利取得に備える為に、「先使用権制度」を活用出来るようにしておく必要があるのです。

「先使用権制度」を活用する為の備えとしては、特許法では以下の要件が示されています。

〈特許法７９条〉（先使用による通常実施権）

「特許出願に係る発明の内容を知らないで自らその発明をし、又は特許出願に係る発明の内容を知らないでその発明をした者から知得して、特許出願の際現に日本国内においてその発明の実施である事業をしている者又はその事業の準備をしている者は、その実施又は準備をしている発明及び事業の目的の範囲内において、その特許出願に係る特許権について通常実施権を有する。」

先使用権を主張しようとする場合には、特許法に定められた先使用権の要件を完全に満たしていることが必要です。

更に、先使用権を主張する者が、満たしていることを立証できなければなりません。

そのためには「ノウハウ」として秘匿する対象技術を明確にするとともに、立証のための準備が必要となります。

立証については、出来るだけ詳細に先使用の権利を持つことを証明する必要があります。

また、特許に対抗しての先使用権の主張で有るのですから、当然にＨＰで

の公開や雑誌・専門誌等といった客観的な証拠がない事が前提での話であり、それ以外の証拠となりますので、事前に準備を考えていないと、後からでは、なかなか揃えにくい証拠ともいえます。

　立証の為の準備には、次表に示すようなものが必要になります。

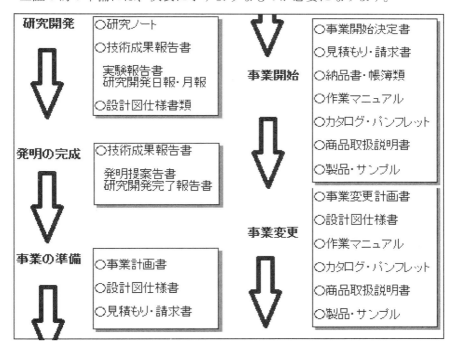

　先使用権が認められるためには、他者が特許出願した時に、その発明を事業として実施していた、又はその準備をしていたことを証明する必要があります。

　実施事業の内容を証明する証拠が、いつ作成されたものか、誰が作成したものか、内容が改ざんされていないかが、重要なポイントとなります。

このために有効な方法として、公証制度による公証サービス、タイムスタンプと電子署名、郵便による証明があります。

公証制度とは、公証人が文書に確定日付を付与したり、公正証書を作成したりして、法律関係や事実を明確にし、文書の証拠力を確保するものです。公証サービスには、次のようなものがあります。

① 確定日付：手数料＝７００円（１通）。

② 私署証書の認証：手数料＝金額の記載がない場合５,５００円（外国文は６,０００円加算）、金額の記載がある場合は、１１,０００円（原則）、認証の対象は私署証書ですが、実験データの入ったＤＶＤ、製品の製造過程を録画したＶＴＲ、製品そのものについて、封筒や箱に封入したうえで、それらの説明文書を私署証書として作成、認証を受けて添付することも可能です。

③ 事実実験公正証書：事実実験公正証書は作成の翌年から２０年間公証人役場において保管されますので、紛失や改ざんのおそれもありません。作成費用＝１時間当たり１１,０００円（休日、午後７時以降は２分の１加算）

④ 契約等の公正証書：公正証書として、作成の翌年から２０年間公証人役場において保管されます。作成費用＝目的の価額によって決められます。ノウハウとして秘匿した発明に関する実施権許諾契約書を公正証書とすることにより、先使用権による発明の知得を証明する場合等に利用されます。

⑤ 宣誓認証：同じ内容の私署証書を２通作成し、作成者本人が文書の記載内容が真実であることを宣誓したうえで、文書に署名又は押印したこと、あるいは署名又は押印が本人のものと認めたことを記載して、公証人が認証するものです。１通は公証人役場において保管され、もう１通は自分で保管します。

　　手数料＝１１，０００円（外国文は　６，０００円加算）

⑥ 電子公証制度：電子データによる書類（電子文書）に対して、私署証書の認証及び確定日付の付与、それらの情報の保存（２０年間）、同一性の証明、内容の真正の証明を行う公証制度です。ただし、公正証書を作成するものではありません。

　　手数料＝私署証書の認証は１１，０００円（原則）、確定日付の付与は７００円、電子文書の保存は３００円、同一性の証明及び内容の真正の証明は７００円

以上が、先使用権制度の活用における準備すべき事となります。

一見、大変な作業量にも見えますが、小規模企業が「営業秘密」として管理する商品・製品の生い立ちを記録し、保管しておくという事ですから、あらためて何かの書類を作成するというわけではありません。

また、この公証制度、特に**電子公証制度**は、「営業秘密」の特定においても大変有効な制度であり、ＩＡＰ協会では「営業秘密」とするマニュアルやフローチャートの**電子確定日付の付与**を推奨しております。

本章では、「営業秘密」との関係性による先使用権制度の説明でありますので、先使用権制度については、ここまでのご紹介とさせて頂きます。

## 7　商標権の活用

　本章では、小規模企業の「仕組つくり（ノウハウ戦略）」における商標権の活用について、主にサービス業での商標権の活用についてご紹介させて頂きます。

　小規模企業の商標権の活用は、大手企業さんが行なうような商品名・製品名の独占や企業ブランドの防御といった活用とは、少し違ってきます。
　なぜなら、市場いわゆるマーケットの規模が根本的に違う事と圧倒的な資金力の差があるからです。

　大手企業さんは、日本国内は勿論のこと海外シェアにおいても商品・製品を販売しています。なので、自社ブランドや自社製品を守る意味での商標権を防御として活用する事は、当然の事であります。

　そもそも商標権の目的に於いてもそのように定義されています。

　わが国の商標法では、第1条「目的」について次のように定義しています。

> 　商標を保護することにより、商標の使用をする者の業務上の信用の維持を図り、もって産業の発達に寄与し、あわせて需要者の利益を保護することを目的とする。

　○信用の維持：商標の使用をする者（会社さん）は、商品や役務に一定の商標を継続的に使用することによって業務上の信用を獲得します。そして、この信用力は大きな経済価値も持ちます。即ち、ブランド力です。

　○産業の発達：同じような商品や製品が店頭で販売されている時、私たちは、

「良く知った会社さんの名前の商品や製品の値段が、他のあまり聞きなれない会社さんの商品や製品より高くても仕方がないと思う。」という事です。

○**需要者の利益を保護**：その名前を知っている会社さんの製品や商品を購入した時に、その性能や機能は、私たちの期待通りである。という事です。

つまり、商標は「商品やサービスの提供・販売元を明確に、需要者に伝える為のしるし」と考えて頂ければ良いと思います。

商標は、その商品やサービスを提供する企業のお客さんである消費者が、友達同士での会話や、その他の情報で得た評判を元に、必要な商品やサービスを選択する為の目印として作用するのです。
商品・サービスを提供する企業にとって、格好のアピール手段なのです。

その為、大手企業さん（商品の製造業者又は販売業者やサービス提供業者）は、大きなコストをかけてでも、絶えず自社の商品や役務に使用される商標に対しての注意を払い、不正な競業者が自社の商標と紛らわしい商標を使用していないか、自社の商標と混同を生じさせるような行為をしていないか、との監視活動を行っているのです。

そして、そのような不正な競業者の不正な行為に対する法規として、不正競争防止法と商標法があります。

両者は、商標に関する業務上の信用を維持する点で共通していますが、商標法が、商標権を特許庁に登記する点で不正競争防止法とは、少し違ってきます。

すなわち、商標法は、商標権者に一定の商標を「**独占排他的に使用するこ**

とを認め、これを権利として保護している」ところが不正競争防止法との相違点といえます。

　ここまでの話は、商標法・商標権についての一般的な目的の説明であります。
　しかし、「小規模企業」が活用する商標権としては、少しだけ視点を変えて見る必要があります。

　なぜなら、大手企業に比べ圧倒的にマーケットの規模が小さく、また、資本力に於いては、全く比較にならないのが小規模企業なのです。

　まず、自社のブランド・信用力を維持するとした商標法の目的において、小規模企業の多くは、守るべき、維持すべきブランド・信用力を持ち合わせていない場合が多いからです。

　少し、失礼な事を言っているかもしれませんが、筆者がお話ししたいのは、「小規模企業」での商標の活用は、「守る為」では無く「攻める為」にあるという事です。

<br>

| |
|---|
| 　小規模企業では、ブランド・信用力を作っていく為に商標権を活用すべきであるという事なのです。 |

　大手企業さんのようにＴＶコマーシャルや街中での大きな広告を出す為の資金を持たない小規模企業が、仮に、ブランド構築する為に、自社の名前もしくは、自社のサービスをお客さんに知ってもらう為には、どうすれば良いのか？

それには、自社のブランド名称を、出来るだけ多くの場所で、その名前やマークを見て貰えることが必要です。
　その為には、まず、「商標権」の取得が絶対条件となります。

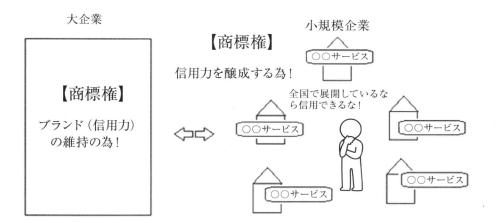

　商標権により名称が独占できる事は、先にも述べた通りです。そして、この独占する権利とは、名称を他者へ貸す事の出来る権利でもあるのです。
　つまり、小規模企業が自前で街中や遠くの地域に多くの看板を出したりすることは難しいですが、元々その地域や多くの系列店を持っている会社さんへ**【名前を貸す事】**で、多くのお客さんに知って貰う事が出来るという事です。

　そして、多くの場所でそのサービスが提供されているのだと、お客さんに知って貰う事で、大企業が多くの経費を使って行う広告宣伝と同じ効果（スケールメリット）を期待できるのです。

　それは、「多くの地域で利用されている商品やサービスなのだから、多くのお客さんからの支持を得ている商品やサービスであり、安心できる商品や

サービスなのだ。」とお客さんに思って頂く事での、信用力の醸成へと繋がるのです。
　**小規模企業での商標権の活用が、「守りでは無く攻め」とお話しさせて頂いたのは、この商標の貸し出しの事であります。**

　商標権を持っている者は、契約によって自己の所有する登録商標を一定の対価（ロイヤリティ）と引き換えに、他人に使用許諾をすることができます。

（余談）
　使用許諾によって発生する登録商標についての使用権には、専用使用権と通常使用権の２種類があります。

---

１　専用使用権
　商標権者との契約により定められた範囲内で、登録商標を指定商品や役務（サービス）について独占排他的に使用できます。
　そして、専用使用権者は契約の範囲内では商標権者と同等の権利を有しますので、第三者に対し差止請求や損害賠償の請求をすることも可能となります。
　一方、商標権者は契約で決められた範囲内において、使用権を制限されることになります。なお、専用使用権の場合は特許庁への登録をしないと効力は発生しません。

２　通常使用権
　商標権者との契約により定められた範囲内で、登録商標を指定商品や役務（サービス）について使用できます。
　しかし、商標権者または専用使用権者がみずから使用することや他の第三者に通常使用権を設定することは阻止できません。
　よって、商標権者または専用使用権者は同一内容の通常使用権を多数の者に設定することができます。

本書の５章で、サポート事例をご紹介させて頂きましたように、自前の資金でのスケールメリット構築は、小規模企業には難しい事です。

　しかし、同業他社さんや別の事業体の会社さんに使用許諾という方法で自社の商標を使ってもらう事が出来れば、大きな先行投資をせずにでもスケールメリットの構築が可能となるのです。

**ただし、その為には【仕組つくり（ノウハウ戦略）】としての「人的資産の構造資産化」を、必ず図っておく必要があります。**

　何故なら、自社の商標を他の会社さんに使ってもらう為には、その商標を使う事でのメリットが使う側にもなければ、誰も使ってくれないからです。

　一般的に商標の使用許諾を受ける側の会社さんのメリットは、①その商品もしくはサービスの独自性（他の商品・サービスとの差別化）が大変優れている事。②商標権としての名称(ネーミング)での顧客誘引力に優れている事。の２つが考えられます。

　サービス業において、独自性（他の役務との差別化）とは、そのサービスの仕組みや、やり方・方法での独自性となります。

　なので、商標権として使用許諾する名前（看板）と一緒に貸出す中身、主体は「マニュアル」となるのです。

　この看板と「マニュアル」を貸し出す事での事業展開を一般的に「フランチャイズ事業」と呼ぶのですが、当然、それだけで「フランチャイズ事業」が行なわれるものではありません。

その「マニュアル」に加えて、その他諸々の取決め、例えば、フランチャイザーの行う「研修への参加の義務化」や「サービスの同一化・安定化を図る為に技術習得のチェック制度」や各地域での料金の設定等々の条件を作る事（契約書）も必要となります。

　このマニュアルや契約書、それ自体が「人的資産の構造資産化」である事は、すでにお話しさせて頂いた通りです。

　このようにして、フランチャイジーに対しては、提供する「マニュアル」類が、以下のように顧客に対しての訴求力のある発信を提供できる構造資産となっていなければなりません。

> 　このやり方・方法でのサービスは、この名前を名乗っている自分達だけが提供できる。
> 　そして、多くの地域で、この名称を使った同様のサービスが提供されている。（全国での提供・展開）

　その為には、商標権による名称の独占だけでなく、フランチャイジーが顧客へ提供するサービスのやり方・方法をフランチャイザー側は、しっかり【営業秘密】としての保護化を図っておく事が必須です。

　また、フランチャイズ事業としての事業展開を考える場合、これまでの自社でのやり方・方法だけではなく、本部として果たすべき役割と機能につい

ても商標権による名称の独占と併せて、構築しておくべき「構造資産」(仕組み)であります。

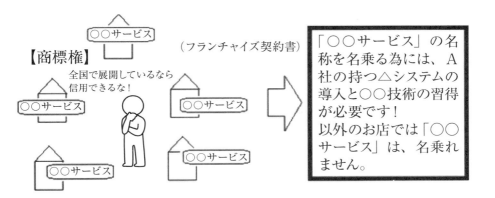

この商標権の使用権を活用する事で、資金や設備のない小規模企業でも「**全国での提供・展開**」といった事業展開が行なえるメリットがあり、「攻めの為の商標権活用」と言えるのです。

そして、商標権の活用では、当然、その名称そのものの魅力、即ち、名称(ネーミング)での顧客誘引力を持つものである事が望ましい事はいうまでもありません。

それでは、ここで少しネーミングについても、その考え方を紹介させて頂きたいと思います。

まず、ネーミングをつける際の原則は以下の2点が重要です。

---
1　以下のようなネーミングの基本条件を満たしていること
　・書き、読み、発音し易い　　・発音が軽快でリズミカル
　・親しみ、覚え易い　　・構成が単純　　・見て、聞いて良い印象
2　商品等のコンセプトを暗示するネーミングが望ましい。
---

コンセプトを暗示した商標は、消費者に対して「欲しい」と思わせるような訴求力を発揮し、その結果として強い広告宣伝力を持つことになります。

　良いネーミングには、〇インパクトがある、〇商品の内容がわかりやすい、〇洗練された感じがする、〇親近感がわく、〇買いたい（買ってあげたい）／使いたい（使わせたい）と思う、といった効果があるのです。

　例えば、下記の靴下の商標は、まさに訴求力のあるネーミングだと思います。

**通勤快足**

(111)登録番号　　　　：第２０９３９６３号
(151)登録日　　　　　：昭和６３年（１９８８）１１月３０日
(180)存続期間満了日：平成３０年（２０１８）１１月３０日
(732)権利者　　　　：
　　氏名又は名称　：株式会社レナウン

特許庁：特許情報プラットホームより検索抜粋

　これは、今から３０年以上も前にレナウンから発売され、今日でも根強い人気を持つヒット商品となった紳士用抗菌防臭靴下「通勤快足」です。

　この靴下は、ビジネスマンの強い味方となっている機能性靴下ですが、発売当初は、別の名称で売られていたのです。

１９８１年、この商品は「フレッシュライフ」という名称で発売され、発売初年度は売上げ３億円のヒット商品となりましたが、その後は減少の一途でした。

　そこで、起死回生を狙って１９８７年に商品名を「通勤快足」に変え再度市場に出したところ年間売上げ１３億円に跳ね上がり、１９８９年には何と４５億円という大ヒット商品に化けたのです。

　この事からも、商品やサービスにとって「ネーミング」はその売れ行きを決める非常に重要な要素であることがわかります。

　消費者・利用者にポジティブなイメージとして伝われば、商品は売れ、サービスは利用される可能性が高くなります。
　逆にネガティブなイメージとなってしまえば、商品は売れずに、サービスは利用されない可能性が出てくるのです。

　従って、ネーミングは、間違いなくマーケティングの成否の一端を担っていると言えます。
　他にも、商品名の変更で大きく売り上げを改善した例としては、次のような物があります。

---

　○「缶煎茶」→「お〜いお茶」（緑茶飲料）、○「WEST（ウエスト）」→「BOSS（ボス）」（コーヒー飲料）、○「豆ダッシュ」→「チョロQ」（玩具）などが馴染のある商品名だと思います。

---

　また、小規模企業の「仕組つくり（ノウハウ戦略）」での商標権の活用は、

多店舗展開やフランチャイズといった事業展開に限るものではありません。

一昔前までは、広告と言えば、新聞・雑誌・チラシ・ポスターといった紙媒体や看板が主力であった時代でした。

しかし、インターネットが普及し、老若男女を問わずスマホなどが、本当に当たり前のように皆が使う時代となった今日では、ホームページやSNS（ソーシャル・ネットワーキング・サービス）なども安価で利用できます。

これらは中・小規模企業のブランド構築（地域を問わずに、短時間でのネーミングの露出や情報発信が出来る。）が本当に多くの資金を使わずにでも可能な環境となってきたということです。

また、※マドプロを利用して安価に国際出願も可能となった事です。

> ※マドプロとは日本が加盟している商標の国際出願制度であり、外国での商標権の取得が日本の特許庁に対する手続で可能となる制度。多くの国で商標権を取る場合には、従前の各国ごとの代理人を使って手続きする場合に比べて費用も低減されることになる。

小さな会社の商標権の活用は、守りでは無く、攻め（ブランド化）、スケールメリットの構築が目的であります。

そして、その商標権を取得すべきは、商品名や社名よりも、自社の【強み】となる「仕組（やり方・方法）」を分かり易く、お客さんへ伝える事の出来る「ネーミング」であると考えます。

7 商標権の活用　175

こぼればなし

## 新しいタイプの商標の保護制度の概要について

特許法等の一部を改正する法律(平成26年5月14日法律第36号)により、商標法が改正され、色彩のみからなる商標、音商標など、これまで商標として登録し保護することができなかった商標について登録をすることができるようになります。

### 新たに商標の登録ができるタイプ

今回の改正により、新たに商標の登録ができるようになったものは、次の5つのタイプです。

| 動き商標 | 文字や図形等が時間の経過に伴って変化する商標<br>(例えば、テレビやコンピューター画面等に映し出される変化する文字や図形など) |
|---|---|
| ホログラム商標 | 文字や図形等がホログラフィーその他の方法により変化する商標<br>(見る角度によって変化して見える文字や図形など) |
| 色彩のみからなる商標 | 単色又は複数の色彩の組合せのみからなる商標(これまでの図形等と色彩が結合したものではない商標)<br>(例えば、商品の包装紙や広告用の看板に使用される色彩など) |
| 音商標 | 音楽、音声、自然音等からなる商標であり、聴覚で認識される商標<br>(例えば、CMなどに使われるサウンドロゴやパソコンの起動音など) |
| 位置商標 | 文字や図形等の標章を商品等に付す位置が特定される商標 |

特許庁HPより抜粋

　２０１５年４月１日から商標の保護対象が、上記の通り新たに「動き、ホログラム、色彩、音、位置」の５つが増えました。

　新しいタイプの商標は、４月１日の一日だけでも４８１件出願されたそうです。出願が集中した理由は、商標も特許と同じく先願主義だからです。
　既に色の商標や音の商標のブランドを持っている企業にとっては、他人に先取りされると困るので、新制度の初日に集中したという事です。

## 8 知的資産プランナーとは

【知的資産プランナー】とは、多くの中・小規模企業に埋没している潜在力、即ち、知的資産《知恵・工夫・経験》の発掘とその活用《知的資産経営》により、中・小規模企業の［事業承継力・資金調達力・経営法務力］の強化・向上に繋がる課題の発見・提案を行う人材、即ち、『知的資産経営』導入の専門家です。

知的資産は目に見えて（気づいて）いないだけで、全ての会社さまに必ず存在します。その埋もれた資産を発掘し、気づくことが何より大切です。

「知的資産プランナー」は、その埋もれた資産の発掘、可視化（魅せる化）、その活用の仕組み作り（構造資産化）をトータル的にサポートします。

以上は、ＩＡＰ協会のホームページにおける「知的資産プランナー」とは？からの抜粋であります。

ＩＡＰ協会が中・小規模企業の経営者さんや社員さんへ身に付けて頂きたいスキルとしての「知的資産（企業内）プランナー」について、その視点と活動からご紹介させて頂きます。

まず、「知的資産プランナー」は、日常業務の流れ・手順について、「何故」

の視点で捉える事から始まります。「何故」に対しては、必ず「理由」があります。

「理由」には、その流れ・手順が有効であるとの判断を過去の失敗や問題を教訓として改善されたものが多く含まれます。

失敗や問題に対する解決策として考え出された流れ・手順を『原因』・『課題』・『解決策』と分類して、纏めると→【自社の強み】となり、つまりは、「知的資産」の掘起しになるのだとの捉え方が大変重要なのです。

この『原因』・『課題』・『解決策』との分類とは、

> 例えば、「急遽、長年の取引先が事業縮小に伴い来月からの受注を半分にしたいとの連絡があった。」・・・『原因』

> 『課題』は、「3ケ月先までの在庫を抱えている。今後の生産ラインでの人員が過剰となる。契約書がない。」

> 『解決策』として、「取引先の分散化。基本の受注生産を徹底（余剰在庫は最大1ケ月まで）する。どんなに小さな受注でも必ず、契約書を締結する。」

といったように、実際に起こった業務でのトラブルを『原因』・『課題』・『解決策』として、あらためて分類する事で、今では当たり前となっている業務の【強み】とその理由を知る事が出来るのです。

そして、今ある自社の【強み】「○生産スタイル（複数の生産ラインへの交代制シフト）、○在庫管理の徹底、○納期の厳守」が生れた経緯を知る事が出来ます。

このように【強み】の生まれた経緯を知る事で、あらたなトラブルに対しても対応できる仕組みが構築されるのです。

　そして、次に「知的資産プランナー」は、【自社の強み】の仕組みや方法が、他人に知られても簡単に真似出来ない場合（特殊な技術、製法、環境等を要する場合。）は、特許・実用新案等の知的財産権化を検討します。

　【自社の強み】が他人に知られれば、容易に真似出来る場合（アイデア・ノウハウ等）は、営業秘密としての管理を検討し、そして、その強みを外部（顧客）へ発信する為の名称としての商標権化を検討します。

　このような観点で企業の「ノウハウ」を見る、知的資産プランナーとは、本書でいう小規模企業の「仕組つくり（ノウハウ戦略）」を社内で取組む人材の事であります。

　筆者は、小規模企業の経営者さんや従業員さん自身で取組める「仕組つくり（ノウハウ戦略）」をお話しさせて頂きました。

　しかし、その為には、やはり一定のスキルは身に付けて頂く事は、必要となります。

　ＩＡＰ協会では、「知的資産プランナー」養成の為の講習を中・小規模企業の経営者さんや従業員さん向けに行っております。

　内容的には、本書での小さな会社の「仕組つくり（ノウハウ戦略）」としての考え方を理解して頂いた上で、厚生労働省の所管となる国家技能検定である**「知的財産管理技能士３級」**レベルのスキルを習得して貰う事となります。

ＩＡＰ協会では、養成講座の受講と「知的財産管理技能士」の国家試験の合格を条件として「知的資産（企業内）プランナー」の認定書を発行させて頂いております。

　ちなみに、本書をお読みいただいた皆様に「知的資産（企業内）プランナー」となって頂く為には、ＩＡＰ協会ホームページでご案内させて頂いております「ＷＥＢ講座」を受講頂く事と【知的財産管理技能士３級】の合格をもって認定書を交付させて頂きます。

　また、お申し込みの際には、申込フォーム備考欄に本書を読んだ旨御書き添え下されば、受講料を学生価格とさせて頂きます。

　以下に、「知的資産プランナー」の必要性と魅力についてお話しします。

〇「知恵・工夫・経験」を可視化するスキルを持つ「知的資産プランナー」の必要性！

> 　人類の歴史は、「一人の天才によって創られるのではなく、多くの人の知恵・工夫・経験の組合せや、並べ替えによって発展してきている。」という考え方には、多くの人に賛同して頂けると思います。
>
> 　また、「一部の凄い天才や大企業だけで世の中が動いている訳ではない。」との意見にも多くの中・小規模企業経営者さんからの賛同を得ることが出来ると思います。
>
> 　しかし、面白いことに「その多くの人の知恵・工夫・経験にあなたは入っていますか？」と聞くと「私の知恵や工夫はたいした事ないから・・」「うちの会社はたいしたことないから・・」という答えが返ってきます。

「多くの人」と言いつつも、自身はその中には、カウントされていない理由は何故なのでしょうか？

　その理由は、「多くの人の知恵や工夫・経験」で世の中が動いてはいるが、やはり、それをうまく組み合わせたり、並べ替えたり出来る人、つまり『プロデュースした人たち』が、世の中を動かしている。

　そう考えると、「わたしは、自分の知恵や工夫・経験をわざわざプロデュースした事もないし、ましてや、ＡＫＢの秋元康さんやモー娘のつんくさんのようなプロデュースする才能もない・・・」だから、「私の知恵・工夫・経験なんて」となるのです。

　それでは、仮に、一部の天才や発明家の人たちや大企業を「天才脳」、そして、多くの人の知恵・工夫・経験を「集団脳」として考えてみましょう。

　本来、自分を含めた多くの人の知恵・工夫・経験が「集団脳」であるべきなのですが、実際、イメージされている「集団脳」は、『プロデュース能力の優れた人』を想定している事となり、「天才脳」と「集団脳」は、結局、同じような人たちをイメージしてしまっている事になります。

　しかし、「集団脳」の能力、つまり、『プロデュースする・企画する・創造する』といった能力は、果たして、特別な人の持つ能力なのでしょうか？

　子供のころ、目の前に積み木やブロックがあれば、子供は自然と、くっ付けたり、並べ変えたりして、恐竜や家や車といった色々なものを創ります。

　これは、「ものの組合せ、並べ替えから、新しいものを創る」ことになり、

まさにプロデュースする力なのです。

　そうなのです、プロデュース能力は、『誰にでもある、人が生れながらに持っている才能・性質であって習性のようなもの。』といえるのです。

　そして、ブロックや積み木の数が多ければ多いほど、いろいろなものが創れます。また、四角い形だけでなく、丸や三角、タイヤの形、花の形などのものがあれば、さらに、いろいろものが創れます。

　つまり、プロデュース能力とは、ずば抜けた才能ではなく、どれだけ目の前に、多くの素材や材料（知恵・工夫・経験）を揃える事が出来るのか？といった至って普通の能力なのです。

　これは、言い換えれば「ヒトの持つ知恵・工夫・経験をしっかりと聴き取る」事さえ出来れば、誰もが、必ず発揮できる能力という事です。

　そして、多くの素材や材料を目の前に揃えるとは、目に見えない、見えにくい、「知恵・工夫・経験」を目に見えるものにする事であり、文字化・データ化する作業のことであります。

　その作業の結果を権利化・保護化する事で、間違いなく、新たな商品やサービス・仕組みを生み出す、即ち、プロデュースすることへ繋がるのです。

　これからの社会や経済が持続し、発展し続ける為には、「知的資産プランナー」の視点とスキル、即ち、「知恵・工夫・経験」を目に見えるものにする視点とその権利化・保護化を提案できるスキルが必要であり、「**絶対的に必要な人材**」なのです。

### ○「知恵・工夫・経験」を権利化・保護化するスキルを持つ「知的資産プランナー」の魅力！

> 目に見えない、見えにくい、「知恵・工夫・経験」を目に見えるものにする、文字化・データ化する事さえ出来れば、あとは自然とプロデュースしていく事になります。
>
> しかし、自社の業務の源泉となる「知恵・工夫・経験」を単に目に見える素材や材料とするだけでは、誰もが「見て、聞いて、真似る事が出来る」といった危険性も併せ持つ事にもなります。
>
> 「知恵・工夫・経験」の組合せ・組み換えにより、新たな商品やサービス・仕組みを生み出したとしても、他人に、そのノウハウやアイディアを勝手に使われてしまっては、元も子もありません。
>
> 土地や建物、製品のような有形物は、登記や売買、譲渡、貸与などによって、誰がその物の所有者なのか、だれが権利者なのかは、明らかなので勝手に使われる・盗られる（犯罪）といった事は滅多に起こりません。
>
> しかし、無形の資産である「知恵・工夫・経験」は、お店に陳列したり、倉庫や金庫に仕舞っておくことは出来ません。
>
> また、仮に他人が考えたアイディアやノウハウを無断で真似たり、勝手に使ったとしても、無条件で不法行為（犯罪）とはならないのです。
>
> その為に「無形資産」に対しては、知的財産権といった特別な権利を保護する為の法律が用意されています。

この知的財産権についての能力担保として、ＩＡＰ協会が認定する「知的資産プランナー」の認定要件に於いては、［知的財産管理技能士３級］レベルのスキルを求めています。

　その意味からも「知的資産プランナー」は、「無形の資産」が持つ権利や価値の内容を知っているからこそ、「人の持つどんな小さな知恵・工夫・経験であっても、組合せや並べ替えることで、大変価値のあるものとなり、世の中の為に役立つ商品やサービスを生み出し、未来を創る為の重要な資産となる。」といった物の見方・考え方で、人の話を聴き取る事のできる力、「敬聴力」を身につけた魅力的な人材と言えるのです。

　<u>この「敬聴力」とは、筆者の作った造語であります。一般的には注意を傾けて聴くで「傾聴」となるのですが、「小規模企業が持つ、些細な「知恵・工夫・経験」と思われるものにも素晴らしい価値がある。」との敬意を持って話を聴き取る力としての意味から「敬聴」としております。</u>

　また、「敬聴力」とは、ナニ？ではなく、ナゼ？を聴き取る力のことです。「何が？　いくらで？　どこで？　どのような売り方で？　売れているのか。」ではなく、「なぜその商品が生まれたのか？　なぜその価格なのか？　なぜそのエリアなのか？なぜその売り方なのか？」を聴き取る力のことです。

　「ナゼ？」の中には、本当に多くの「知恵・工夫・経験」が埋もれているからです。
　<u>「ナゼ？」を聴き取る為の力「敬聴力」を持つ「知的資産プランナー」</u>

　以上、簡単ではございましたが、【知的資産プランナー】の必要性とその魅力について述べさせて頂きました。

筆者は、我が国の中・小規模企業の持つ「潜在的な強み」の掘り起こしと、その活用（仕組み）こそが、日本の未来を担う次の世代へ継承すべき資産であると考えております。

　本書をお読みいただけた中・小規模企業の皆様には、是非とも小規模企業の「仕組つくり（ノウハウ戦略）」としての取組みを初めて頂きたいと願っております。

　また、出来れば「知的資産（企業内）プランナー」、「知的資産プランナー」となって頂ければとも願っております。

　「知的資産プランナー」の認定を受けられた印刷会社の社長さんからの感想をご紹介させて頂きます。

『二兎を追って、二兎を得ました！』

　　　　　　　　　　　　　　　　　　　　　有限会社　扶桑印刷社
　　　　　　　　　　　　　　　　　　　　　代表取締役　関谷　一雄

　当社が携わっている印刷・出版業は、「勘」や「習慣」に頼った活動がはなはだしい業界です。私自身も先代の見よう見まねで業務を続けていましたし、従業員も個人的な経験に基づいたその人にしかできない働きをしていました。
　このような背景があり、ひとたびトラブルが発生すると担当している人間でないと「分からない」という状況に陥りがちでした。

また、人によって製品やサービスの質も均一ではなく、企業のブランド価値を高めるには程遠い状態でした。
　これまで培ってきた貴重な「智恵」「経験」「工夫」がまったく会社内で共有されず、無駄になっていたのです。
　クライアントのコスト圧縮による厳しい価格競争やペーパーレス社会の到来による需要の激減が続く危機的状況の中、企業体質を強健なものにしてこの荒波を乗り切るには、全く心もとない環境に甘んじていました。
　そんな状況の中で、出会ったのが「知的資産プランナー」でした。
　この知的資産経営という考えを応用すれば、個人の中に潜在して見えなかったり気付かなかったりしている幾多の「知的資産」を「見える化」することができ、企業内で共有できる「構造資産」に昇華させることができます。
　さらに、「構造資産」を商標権などの信用力に転化する「関係資産」づくりが可能となります。つまり、当社独自の「智恵」「経験」「工夫」を社内の共有財産にし、かつ社外にも「商品」「サービス」として売ることができるのです。
　私は、(社) 日本知的資産プランナー協会の開催する養成講習を受け、「知的財産管理技能検定３級」に合格し、「知的資産（企業内）プランナー」になることができました。これからは、このスキルをフルに活用して、新しいビジネスモデルの構築を図るとともに、当社のブランド価値を高めていきたいと思っています。さらに、この資格を取って得たことがあります。
　それは出版事業において新たに提案したビジネスモデルが認められ、日本政策金融公庫から新規融資を受けることができたのです。
　その背景には (社) 日本知的資産プランナー協会が日本政策金融公庫と※提携関係にあることも大きな要因でした。
　このように、私は、「知的資産（企業内）プランナー」という資格で自社のレベルアップとさらに資金調達という「二兎」を得ました。
　みなさんも、ぜひ、チャレンジしてみてください。
　新しい企業活動を興す突破口になること間違いなしです。

▼関谷一雄さんのメディア出演情報▼

　中小企業を応援する出版企画チーム「クローズアッププロジェクト」を立ち上げられKiss-FM バンディーズ What's Going On 内のコーナーにも多数出演しておられます。2013年4月からはラジオ関西の新番組「青春 学生通信社」（毎週火曜 24:30〜）がスタート！

　※関谷社長は、その後「ＷＥＢ講座」も受講され、みごと知的財産管理技能士２級に合格されましたので、現在は、（企業内）が外れての「知的資産プランナー」であります。

≪補足≫
　ＩＡＰ協会の認定する「知的資産プランナー」には、下記の３タイプがあります。

【知的資産（企業内）プランナー】

| 企業内において、**知的財産管理技能士３級（国家試験）**のスキルを使い、企業が持つ【知的資産】の掘り起こしと、その権利化・保護化について提案を行える人材としての認定資格 |
|---|

【知的資産プランナー】

| 企業内において、**知的財産管理技能士２級（国家試験）**のスキルを使い、企業にある【知的資産】の掘り起こしと、その活用について提案および問題の解決を行える人材としての認定資格 |
|---|

【知的資産経営プランナー】

| 企業に潜在する【知的資産】を、経営業務に活用（マネジメント）し、サポート（コンサルティング）する知識及び能力を有する者として、協会が認定する資格。 |
|---|

【知的財産管理技能士3級の能力レベル】

　知的財産分野について、初歩的な管理能力がある。
　具体的には、企業・団体（学校・官公庁等）において知的財産分野の特にブランド保護、技術保護、コンテンツ保護、デザイン保護、契約、エンフォースメント（権利行使）に関する初歩的知識を有し、それに関する課題を発見することができ、一定条件下ではその課題の解決までできる技能がある。

【知的財産管理技能士2級の能力レベル】

　知的財産分野全般（特許、商標、著作権等）について、基本的な管理能力がある。具体的には、企業・団体等において知的財産に関する戦略、法務、リスクマネジメント、調査、ブランド保護、技術保護、コンテンツ保護、デザイン保護、契約、エンフォースメント（権利行使）に関する幅広い基本的知識を有し、業務上の課題を発見し、一部は自律的に解決できる技能がある。

### 国家試験―知的財産管理技能検定

　「知的財産管理技能検定」は、技能検定制度の下で実施されている、「知的財産管理」職種にかかる国家試験です。
　「知的財産管理」職種とは、知的財産（著作物、発明、意匠、商標、営業秘密等）の創造、保護または活用を目的として、自己または所属する企業・団体等のために業務を行う職種です。
　具体的には、リスクマネジメントに加え、創造段階における開発戦略、マーケティング等、また保護段階における戦略、手続管理等、また活用段階におけるライセンス契約、侵害品排除等のマネジメントを行う職種です。
　本検定は、これらの技能およびこれに関する知識の程度を測る試験です。
　本検定は、知的財産教育協会が2004年より実施してきた「知的財産検定」が全面的に移行したもので、2008年7月に第1回検定が実施されました。
　第22回検定（2015年11月実施）までの延べ受検申請者数は240,435人です。

　　　　　　　　　　　　　　　　　　　知的財産教育協会HPよりの抜粋

## 9 「仕組つくり（ノウハウ戦略)」による資金調達

　「仕組つくり（ノウハウ戦略)」による資金調達とは、先の関谷社長の報告にもあった「新たに提案したビジネスモデルが認められ、日本政策金融公庫からの新規融資を受ける事ができた」事からも、金融機関での「定性評価」となった「仕組つくり（ノウハウ戦略)」の効果とみる事が出来ます。

　ＩＡＰ協会の推奨する「仕組つくり（ノウハウ戦略)」とは、本書で既に述べてきた通り、「人的資産の構造資産化」であり、ＣＫＫ資産（知恵・工夫・経験）の権利化・保護化でありますから、この権利化や保護化といった取り組みを金融機関が定性評価・事業評価として見てくれたという事になります。

　そうです、知的資産プランナーの支援する「定性評価・事業評価」なのです。

　では、その定性評価・事業評価といったものを、どのようにして金融機関に見て貰うかという事になります。

　ここでは、日本政策金融公庫さんが行なう事業評価として、使われている「事業概要書」といった書類のフォームをベースに筆者の作成した「持続的経営計画書」について説明をさせて頂きます。

　この「持続的経営計画書」は、筆者が（独）中小企業基盤整備機構さんからの受託により、全国の経営指導員研修での初年度（平成26年）の研修資料用に作成したものです。

> 　内容的には全国の経営指導員さんが、その会員企業さんである小規模企業さんに対して行う「伴走型」の支援内容となります。

> この「持続的経営計画書」の作成支援やアドバイスの仕方および、小規模企業さんの持つ「CKK資産」の聴き取り力（敬聴力）こそが、**知的資産プランナーの行う支援**となります。

それでは、以下に「持続的経営計画書」の作成支援について説明します。

## 【持続的経営計画書】の作成

その会社さんの成り立ち（沿革）や売上額・粗利益額、お得意先等々の持**続的経営計画書（仮称）**への記入の手順と注意すべき事。

　1　企業の沿革・経営者の略歴

| 1 企業の沿革・経営者の略歴　営業開始（現在地での）　□明治 □大正 ■昭和 □平成　49年 11月 ||||
|---|---|---|---|
| | 年　月 | 内　　容 | 経営指導員or外部専門家（A） |
| 企業の沿革 | 昭和30年3月 | 父が個人事業主として開業 | 「経験に伴う強み」<br>工業大学を卒業し、IT係に強い。<br>スーパーでの6年間に鮮魚販売・商品開発部門・店舗レイアウト・ポップ等の企画業務を経験している。 |
| | 昭和40年8月 | 当社設立 | |
| | 昭和49年11月 | 現在地へ移転 | |
| | 昭和60年5月 | 店舗を15坪から30坪へ拡大 | |
| | | | |
| 経営者の略歴 | 昭和53年3月 | ○○工業大学卒業（電子工学科） | 友人の飲食店立ち上げパートナーとして資金管理や人事管理の経験がある。<br><br>自身が調理師としての免許を持っている。<br><br>現在地での営業が40年であり、地域との信頼関係が十分に構築されている。 |
| | 昭和54年4月 | （株）××スーパー（△△市）6年間勤務 | |
| | 昭和60年4月 | 父が死去した事に伴い、代表取締役へ就任 | |
| | 平成12年4月 | | |
| | 過去の事業経験 | 自身での事業経営経験は、ありませんが友人が立ち上げた飲食店で創業時のパートナーとしての経験あり。(1年間) | |
| | 取得資格 | 調理師免許 | |
| 後継(予定)者 | 氏名：　　　　　　　年齢：　　　才　　関係： |||
| 許認可等 | 魚介類販売業、食肉販売業、乳酸販売業、惣菜製造業 |||

※この時に注意すべきは、創業の理由や法人なりの理由などを敬聴して簡単にメモしておく。

※経営者の前職などについても、前職で行っていた業務の内容も聴き取り、現在の事業との関連性をメモしておく。
※卒業校での専門や得意科目なども敬聴しておく。
※取得資格のある場合、取得の動機や取得難易度も敬聴してメモしておく。
※後継者の予定がある場合は、予定者の現況を敬聴してメモしておく。

上記の「メモしておく。」としていますのは、企業の沿革や経営者の略歴を会社さんに書いてもらう時に、支援者となる経営指導員さんが注意しておく事、聞いておくべき事との意味であります。

そして、その聞き取りやメモから、右枠の【経営指導員 or 外部専門家】（A）の欄に「経験に伴う強み」を書き込むといった流れになります。

日本政策金融公庫では、この右枠は、公庫の担当者が、企業の融資申込に伴う面談での聴き取り等から書き込む事なっています。

## 2 従業員　　　　　　　　　　　　　　　　　役員報酬・給与・賃金

| 常勤役員の人数（法人のみ） | 3 人 | 従業員数（うち家族） | 3 人／1 人 | パート・アルバイト | 3 人 | 役員・家族 | 11,400千円 | 63 % |
| 従業員・バイト | | | | | | | 6,800千円 | 37 % |

## 3 借入の状況

| 借入先名 | 借入の使途 | 借入残高 | 年間返済額 |
|---|---|---|---|
| □□銀行　〇〇支店 | ■事業 □住宅 □車 □教育 □カード □その他 | 1,000万円 | 60万円 |
| □□信用金庫　〇〇支店 | □事業 ■住宅 □車 □教育 □カード □その他 | 3,000万円 | 100万円 |
|  | □事業 □住宅 □車 □教育 □カード □その他 | 万円 | 万円 |
| その他の借入　　件 | 合　　計 | 万円 | 万円 |

## 2 従業員

※役員報酬の内訳・従業員給与の内訳も聴き取るようにします。特別に給与の高い方がいれば、その理由も聴き取ってメモしておきます。

## 3 借入の状況

※個人の借入（住宅やカード）の返済額が経営者さんの収入の３０％以内かを聴いておきます。

※事業での返済と個人の返済とがしっかり分けられているかを聴いておきます。

| 4 取扱商品・サービス（年間売上額　62,600千円） | 売上% | 売上額 | 利益率% | 利益額 |
|---|---|---|---|---|
| 内容 ① 鮮魚の販売（地元の市場と知り合いの漁師からの仕入） | （ 70 %） | 43,820千円 | （ 30 %） | 13,146千円 |
| ② 惣菜の販売（日替わりで20種類前後） | （ 25 %） | 15,650千円 | （ 60 %） | 9,390千円 |
| ③ その他（肉、日用品、雑貨等） | （ 5 %） | 3,130千円 | （ 35 %） | 1,095千円 |
| 合計 | （ 100%） | 62,600千円 | （ 38 %） | 23,631千円 |

| 5 取扱商品・サービスの強み（セールスポイント） | 経営指導員or外部専門家(B) |
|---|---|
| 鮮魚については、長年の取引実績から安価での仕入が可能で、「鮮度」と「価格」を売りにしている。<br>仕入れた生鮮品を活用した惣菜販売に力を入れている。 | 友人である漁師さんから市場に出回らない希少な鮮魚を入手出来る。<br>調理師資格を活用し、希少な鮮魚を使った、他では販売されていないオリジナル惣菜を開発できる。<br><br>惣菜開発の訓練メニューを作る事で、惣菜の種類を増やせれば、売上の50％が見込まれる。<br>結果、利益率の大幅UPが見込まれる。 |

## 4 取扱商品・サービス

※利益率の高い商品・サービスが売り上げのトップとなっているかを見て、トップでない場合にその理由とトップにする事が可能かを敬聴して簡単にメモしておく。

5　セールスポイント

※概ね会社さんのキャッチコピーを書いてもらい、その理由を敬聴して簡単にメモしておく。

※具体的な商品・サービスの強みは、①無形資産マップで詳細を聴き取っていきます。①は、後程、ご説明させて頂きます。

## 6　取引先関係

| | 取引先名 | 取引年数 | 割合(%) | 経営指導員or外部専門家(C) |
|---|---|---|---|---|
| 販売先 | 一般個人 | 年 | 85% | 「取引に伴う強み」一般個人顧客に強い支持をうけており、他店で出していない鮮魚や惣菜が差別化の強みである。 |
| | 市内の介護施設 | 20年 | 10% | |
| | 小中学校 | 35年 | 5% | |
| | ほか　　社 | 合計 | 100% | |
| 仕入先 | (株)○○卸売市場 | 35年 | 50% | 優良な仕入先との長年に渡る信頼関係が構築されている強み…業務提携契約書などの書面化による取引条件等に法的拘束力を持たすことで継続性の担保となります。 |
| | △△丸(漁師) | 25年 | 20% | |
| | (株)□□商店 | 10年 | 5% | |
| | ほか　2社 | 合計 | 100% | |
| 外注先 | (株)△食品加工 | 25年 | 80% | |
| | (有)○△製造 | 30年 | 20% | |
| | | 年 | % | |
| | ほか　　社 | 合計 | 100% | |

6　取引先関係

※販売先の内訳で割合の多い層の理由を敬聴して簡単にメモしておく。

※仕入先・外注先を決めた理由を敬聴して簡単にメモしておく。

9 「仕組つくり（ノウハウ戦略）」による資金調達

## 7 経営課題　■売上　■資金繰　□事業承継　□新規分野　□その他

| |
|---|
| 営業力の確保（来年・大手スーパー〇〇が近くに出店予定） |
| 販売コストの高止まり |
| |

7　経営課題
※課題の原因や理由がはっきりしているかどうかを必ず確認しておきます。
※はっきりでは無く、たぶんのケースでは、他の可能性についても聴いておきます。

## 8 経費対策　（一般管理費　22,850千円）　[4の利益額合計 − 一般管理費＝ 781千円]

| ■原価　□固定費（家賃等）　■外注費　□広告宣伝費　■人件費　□役員報酬　□その他 | 達成年月 |
|---|---|
| 惣菜原価の5割が外注費である事から、社内での惣菜加工のウェートを上げる事で大幅に削減できる。 | 2014年10月 |
| 仕入管理・販売管理による商品ロスの見直しにより、原価率を大幅に削減できる。 | 2014年11月 |
| | 年　月 |

8　経費対策
※原価の内訳について、出来るだけ詳細に聴いてみる。
※ロスや在庫（不良）や間接的な消耗品がカウントされていない場合が多い。
※業種によっては、人件費が原価的に扱われます、その場合は人件費の詳細（能力別・業態別・年齢別など）を敬聴して簡単にメモしておく。

## 9 持続的経営(強みの権利化・保護化)計画

| ■業務フローの作成 ■マニュアル作成 □顧客管理(データベース) ■ブランディング □その他 | 達成年月 |
|---|---|
| 惣菜加工の基本マニュアルを作成。 | 2014年12月 |
| 鮮魚の仕入管理と販売管理におけるフローチャートの作成。 | 2014年11月 |
| 自社の強みを活かしたキャッチコピーの作成。【商標権】(案)「料理人の魚屋さん」 | 2014年7月 |
|  | 年　月 |

9　持続的経営計画
※会社さんの希望する計画プランを敬聴して簡単にメモしておく。
※販路の拡大・集客プランの場合に自社の【強み】を基本に据えて顧客へ伝わるプランとなっているかを意識し、敬聴して簡単にメモしておく。

　商品やサービスの強みが分かったら、その強みの根拠（理由）となっている内容を計画書の経営指導員or 外部専門家（B）（C）へ書き込んでいきます。

※（A）は、沿革での聴き取りメモより記入。

※（D）は、（A）（B）（C）を総合的に具体的な取組みとしてまとめる。

　最後に計画書9持続的経営計画　に示された会社さんのプランを継続的に有効とする為に必要となる【仕組み化】【権利化・保護化】に向けた取り組み施策とその見込費用を書き込む。（人的要件・物的要件・資金的要件・その他）

9 「仕組つくり（ノウハウ戦略）」による資金調達　　195

| 経営指導員or外部専門家(D) | 計画達成見込資金 [ 70万円 ] |

惣菜加工の基本マニュアルを作成。‥下準備・調理・盛り付けを分業としたマニュアルを制作し、未経験の従業員でも3日で習得できるものから、6ヶ月の訓練を要する技術マニュアルまでを作成する事で、社員の入れ替わりに対応出来る。

惣菜加工マニュアルにより、大手スーパーなどの量販店に無い、プライベートブランド商品を安定的に提供できる。

また、技術力を身に付けた人材を順次養成できる事での多店舗展開も可能となる。

マニュアル・フローチャートを秘密として管理する。　【不正競争防止法】の営業秘密管理に伴う管理規定の作成及び電子確定日付取得費用：30万円（マニュアル作成補助作業含む）＋【商標法】でのブランド名称の作成費：20万円

ブランディング名称と強みを告知する為のチラシの作成　20万円

| 目標 | 1年後 | 2年後 | 3年後 | 4年後 | 5年後 | 【商標権】【不競法(営業秘密)】 |
|---|---|---|---|---|---|---|
| 売上 | 65,000千円 | 70,000千円 | 73,000千円 | 78,000千円 | 83,000千円 | 【著作権】【特許権】【実用新案権】 |
| 利益 | 1,000千円 | 2,100千円 | 2,920千円 | 3,120千円 | 4,150千円 | 【意匠権】【種苗法(育成者権)】 |

※企業の持続化・安定化に向けて、企業の持つC・K・K(知恵・工夫・経験)の権利化・保護化を図る関係諸法令については、【括弧】書きでご記入ください。

　このような流れでの経営指導員研修をさせて頂きました。

　その後に経営指導員さん達にグループに分かれてもらい、会社さん役の経営指導員さんに対して、他の指導員さん達が、【敬聴力】を使って、小規模企業の伴走者としての支援を想定してのロールプレイング行いました。

【無形資産マップ】について
　4取扱商品・サービス、5セールスポイントで触れました①**無形資産マップ**のご説明を少しさせて頂きます。

　無形資産マップとは、商品やサービスの【強み】を商品・サービスを生み出した背景から掘り起こすための以下のような簡単なフォームの事です。

1)　　○名称　　◎特徴　　○販売・提供価格　　○原価　　○売上全体に於ける朷
　　　　※主力商品or主力役務（サービス）　　　　　　　　　　　　※売上の60
　　名称:　　　　　　　　　　　　　　　売価:　　　　円　　原価:

| | | | | |
|---|---|---|---|---|
| ① | 性能・質 | 高 中 低 | 理由: | |
| ② | 価　格 | 高 普 安 | 理由: | |
| ③ | 地域性 | 広 中 狭 | 理由: | |
| ④ | 認知度 | 高 中 低 | 理由: | |
| ⑤ | 営業依存度 | 高 中 低 | 理由: | |
| ⑥ | 製造依存度 | 高 中 低 | 理由: | |

　上記の①～⑥は、実際は⑯までありますが、マップの活用方法は、まず、［高中低］のような３択で、自社の商品やサービスを見ていき、次に、その理由を纏める手順で考えて行くといった考え方をフォーム化しただけのものです。

　【強み】の掘起し作業では、最初から綺麗にまとまった答えを探すのではありません。特に支援者が企業の経営者さんに聞き出す場合は、なおさらです。
　まず、３択の質問から尋ねる方法が、分かり易いと思います。（クローズな質問）

　この無形資産マップの活用法は、商品やサービスの強みを掘り起こす為に、まずは、性能や価格について経営者が思っている事を簡単な３択（高中低）で聞き取ります。この３択は、とりあえず１６項目全てを先に○付で行います。

　次に、①から順番に、その理由を簡単に書いてみます。そして、その理由

を「何故？」の視点で見ていくといった使い方になります。

但し、理由を聞きだしてから、その理由が「何故？」の答えになっているのかといった確認作業を行う事が、最も重要であります。

日常業務で埋没してしまい、ついつい当たり前と思っている、ＣＫＫ資産（知恵・工夫・経験）を掘り起こす作業では、「何故？」を考える事が、最も近道となるからです。

例えば、次の事例は、エステサロンでの「まつ毛パーマ」についてのマップ作成の流れです。

| 名称: まつげエクステ | | | 売価: 4,500円 | 原価: |
|---|---|---|---|---|
| ① | 性能・質 | 高 | 施術が丁寧、純国産ボンド、安全性を重視してる。 | |

↓

| マップNo | Why(なぜ)？ |
|---|---|
| 1)の① | 施術が丁寧で安全重視とありましたが、基準となるのは？ 他店の施術の問題点などを二<br>自店が他店より「丁寧で安全」であるのは、問題点と課題をどの様に解決したかを教えて |

| ② | 価 格 | 普 | ユーザーが通いやすくする為、質保証の最低ライン |
|---|---|---|---|

↓

| 1)の② | 他店(近隣、同一市内)で最も高い価格と安い価格は？ 自店での原価率は？ 損失の出た<br>また、実際の1日の施術人数(平均)を教えて下さい。 |
|---|---|

①では、このお店の商品である「まつげエクステ」の質が、「高い」と考えられています。

そして、その理由は、「施術が丁寧、純国産ボンド、安全性を重視」となっています。

一見すると、質の高い理由が説明されているようにも見えますが、「知的資産プランナー」が『「敬聴力」により【強み】を探す、「ナゼ？」を聞き出す。』と言った視点からは、不十分な答えといえます。

まず、「丁寧」「安全」について、経営者さんの頭の中には、具体的な作業の手順や材料・道具の質や業界での基準などがあるのです。
ただ、それを言葉で表すと先の「丁寧・安全」となっているだけなのだと言うことを踏まえて、「ナゼ？」を聞いていきます。（オープンな質問）

そうする事で、初めてお店さんが、普段に行っている接客や施術の手順を「丁寧・安全」と評価する為の「工夫」を【強み】として表す事が出来るのです。

このように、「敬聴力」で【強み】を探す（ナゼ？）事で、はじめて施術のフローチャートや接客マニュアルが「ノウハウの仕組み」として機能するのです。

また、この３択からのマップ作成の中で、個々の矛盾を見つける事でも商品やサービスの強みの根拠を見直す事が出来ます。

例えば、［性能・質は高］なのに［価格は安］である場合などです。
サービスの質は高いのに価格が安いというのは、単純に見れば矛盾しています。しかし、その矛盾を成立させている理由こそが「工夫」であり、間違いなく【強み】なのです。

このように、「無形の強み」といったものは、意外にも「当り前」となってしまっている意識の中に埋もれている事が多くあるのです。

その意味でも、この「無形資産マップ」を使った強みの掘起し作業をお勧めします。必ず「気付き」が見つかるはずです。

小規模企業の持つ本当の【強み】を洗い出したうえで作成される「持続的経営計画書」は、小規模企業の持つＣＫＫ資産（知恵・工夫・経験）を目に見えるモノとする。
そして、その為の準備や権利化・保護化する事での効果や、それにかかる費用について、金融機関側が理解しやすく（稟議書を上げやすく）する事を目的としています。

つまり、この「持続的経営計画書」は、融資申込みや助成金申請に於いての説明資料（エビデンス）であり、定性面での評価資料として作成するものです。

そして、この融資に際しての定性評価資料を作成する事も「仕組つくり（ノウハウ戦略）」の一つである事をご理解ください。

次に、「仕組つくり（ノウハウ戦略）」による資金調達の拡充においての「直接金融」についてお話しさせて頂きます。

但し、２章の２．金融機関・投資家による「ノウハウ」評価でも、日本のベンチャーキャピタルの投資額は、アメリカのそれと比べて約１／３０であるとお話しさせて頂いたように、投資による資金調達に於いて我が国では、まだまだ、その環境の醸成が遅れています。

戦後７０年をかけて醸成されてきた、我が国の国民性とも言える「堅実と安定を是として、チャレンジや起業に対しては、明らかに後ろ向きな社会」の環境であること。

　突然に明日から、「それでは、皆さんでアメリカのシリコンバレーを見習って、有望なベンチャー企業へ、投資しましょう！」「仮に、失敗してもハイリターンを求めての投資なのだから、当然のリスクとして自己責任で行って下さい！」となる事は、まず有りえません。

　確かに、今後の日本経済を考えると、早急な変革が求められる事は、筆者も１章で述べた通りであります。
　但し、現実的には、ゆっくりとした意識の変革が、我が国らしいとも思います。そこで筆者の考える変革に向けての手法の一つに「少人数私募債」の活用があります。

　筆者としては、一般的な投資（株式投資など）でも無く、金融機関からの融資とも、少し違うというか、その中間に位置する資金調達の仕組みとして、**「少人数私募債」**と呼ばれる「融資」による資金調達についてお話しさせて頂きます。

　まず「少人数私募債」とは、小規模企業を資金面で縁故者や地域が中心となって支える・支援するといった趣旨の「融資」による資金調達の手法です。

　この手法についての説明の前に、少し「融資」や「社債」とは？　そして、バブル崩壊後の「間接金融」と「直接金融」の関係について、お話しさせて頂きます。
　「融資」には、銀行等の金融機関からの借入れる「間接金融」と、その他

の投資家や個人から借入れる「直接金融」があります。

「間接金融」とは？を辞書等で見てみると次のような説明になります。

> 「お金を借りたい人」と「お金を貸したい人」の間に第三者が存在する取引。戦後から高度成長期まで長期間続いた日本独自の資金の流れ方。
>
> 個人や機関投資家が金融機関へ預金し、金融機関がこの資金を企業に貸し付けたり、発行される証券を買って企業に投資するなどが代表例。
> 金融機関が（預金者に代わって）リスク（損益が発生する可能性）を負担するため、預金者は自分自身で元金が割れるリスクを負担しなくて済むほか、銀行が貸し付けた企業が仮に倒産しても、銀行が破綻しない限り資金の安全性は確保されるなどのメリットがある。

引用：ASCII.jp デジタル用語辞典の解説

「直接金融」とは？を辞書等で見てみると次のような説明になります。

> 企業の発行する株式や債券を購入することで、投資家が企業の資金調達に直接的に参加する方式のこと。
> これに対し、個人や機関投資家の預貯金をもとに、金融機関が企業に貸付や投資を行うことを間接金融という。
> 企業にとっては、間接金融より直接金融のほうが有利な条件で資金を調達できるというメリットがある。
> また、個人投資家向けに小口・短期の一般事業債（個人向け普通社債）などを発行する企業も増えており、直接金融化の流れが加速している。

引用：ASCII.jp デジタル用語辞典の解説

「少人数私募債」は、この「直接金融と呼ばれる資金調達の仕組み」にあたります。前記の説明でもお分かり頂けると思いますが、簡単に申し上げま

すと、**個人が企業へ銀行等を介さずに直接お金を貸す（社債）**という事なのです。

　一般的に、多くの学者・行政当局者などは、直接金融が大きい方が精力的に企業のニーズに対応できる金融システムとの意見があります。

　この意見は、金融システムと起業率の関係を見てみると、アメリカやイギリスのように直接金融のウェイトが高い国での起業率が高い傾向にある事などから頷ける部分があります。

　日本では戦前から銀行による間接金融が中心であり、この金融システムは戦後の経済復興・高度経済成長に大きく貢献した事に間違いはありません。

　1章でも少し触れましたが、「護送船団方式」は戦後の資金不足時代にこそ有効に働いたシステムでした。

　しかし、「成長後の日本にとっては、ぬるま湯体質の温存でしかなかった」とする経済学者の意見も少なくはありません。
　そして、ぬるま湯体質の中で「直接金融」は、小さくなり企業の発行する「社債」においても、日本では広がらなかったと言えるのです。

　「護送船団方式」が、日本の戦後の高度経済成長とその後の安定的な経済成長に寄与したと言えるが、その弊害も大きく戦後、大蔵省は長期資金が稀少になったため、都市銀行・長期信用銀行を直接的・間接的に行政指導し、起債市場を厳しく規制した事などがその理由です。

　そして、企業の起債は厳しく制限され、債券発行によって資金調達できる

企業は、本当にごく一部の企業に限られる事となり、日本の社債市場の発達を大きく妨げる事となりました。

１９８０年頃から、世界では経済・金融のグローバル化が進み、間接金融中心の金融システムは時代遅れとの風潮の中、外国為替管理法の改正と起債規制の緩和によって、外債による資金調達、日本国内での転換社債・新株引受権付き社債の発行が自由化されました。

この起債市場の自由化によって、大企業は社債発行によって資金調達するようになり、１９８５－１９８９年の主要企業の社債発行による資金調達比率は、８.５％から１７.４％に上昇しました。（岩田規久男『スッキリ！日本経済入門－現代社会を読み解く15の法則』日本経済新聞社、2003年より）

これは、「大企業にとっては、煩わしい審査を受ける銀行からの借り入れよりも、社債発行のほうが低金利で便利な資金調達だ。」との見方が強かった為であります。

筆者は、バブル崩壊後の巨額損失の隠蔽や損失補填、利益供与など金融機関の不祥事が相次いで発覚した事を思い出します。
当時の不良債権問題の発生・処理の遅れの原因は『護送船団方式』による金融行政にあったと考えます。

「バブル崩壊後も護送船団的な体質が抜け出せないまま、国民に不良債権の実態を明らかにせず処理の先送りを続けた結果、不良債権問題は拡大・長期化した」と指摘する経済学者も少なくありません。

また一部の論者は、バブルよりも『間接金融への偏重』という従来の日本

の金融システムにおいての『構造問題』が原因であるとの指摘をしております。
　「日本の資本市場は直接金融ではなく間接金融に過度に依存し過ぎ、それがバブルとその崩壊による経済的混乱を増大させた。」との指摘です。

　また、大和総研は「多くの新興企業は土地などの担保がないため、外部からの資金調達が必要となるが、日本は間接金融が優位であるため開業資金の調達が難しい」と指摘しています。(『最新版 入門の入門 経済のしくみ－見る・読む・わかる』日本実業出版社・第4版、2002年より)

　このような指摘を受け、バブル崩壊後に政府は従来の金融行政(護送船団方式)の見直しを迫られ、日本政府は1990年代後半の「金融ビッグバン」で様々な規制緩和を実施しました。

　日本版「金融ビッグバン」によって起こった金融に関する変化は、「貯蓄(間接金融)から投資(直接金融)へ」という流れで、間接金融優位を直接金融優位へと移行させる事を目的として行われました。

　結果、(間接金融は今日でも重要ではあるが、)個人の金融資産の利回りを上げる為に、金融における資産運用(直接金融)が重要との声が大きくはなりました。
　これからの企業金融では、銀行がリスクの大半を負担するのではなく、個人投資家・機関投資家が広く薄くリスクを負担する構造に変化すべきとの意見が主流となり、また、銀行等での「ペイオフ」なども実施されました。

　ただ、この様な経済の流れや金融の変遷を辿ってはきましたが、「小規模企業」においては、その資金調達に戦前・戦後を通じて何らの影響も変化もないといえるのではないでしょうか。

## 9 「仕組つくり（ノウハウ戦略）」による資金調達

　筆者が「仕組つくり（ノウハウ戦略）」による資金調達の拡充で、この「少人数私募債」をご紹介する理由は、いたって単純です。

　「小規模企業」の資金調達で、銀行等の「間接金融」にだけ頼るしかない環境から「直接金融」という新たな資金調達先を確保出来れば、間違いなく「小規模企業」が活気づくと思うからです。

　そして、土地や建物といった有形の資産を持たない「小規模企業」が「少人数私募債」を発行する為に行うべき事が、「仕組つくり（ノウハウ戦略）」であるのです。

　個人が会社へお金を貸すのですから、当然、その会社さんの内容が分からないと、誰も不安でお金を貸すような事はしません。

　そうなのです、「仕組つくり（ノウハウ戦略）」の取組みにより、『この会社さんが、どのような会社さんで、どのような強みと、将来に向けての継続性をどのように確保しているのかを目に見える形とする事。』をしておかなければ、この「少人数私募債」と呼ばれる資金調達は出来ないのです。

　「少人数私募債」として、私募債（社債）を引き受けてくれる方、即ち、お金を企業へ貸そうと思う方たちに対して、企業の経営者は、自社の状況や事業の内容を分かり易く説明できなければなりません。

　その分かり易い説明をする為には、本書でいう「仕組つくり（ノウハウ戦略）」により、自社の強みが、はっきりと分かる「目に見えるもの」としておく事。

　そして、その強みが、将来に向けて継続出来る為の権利化・保護化が図ら

れている事。また、調達した資金による事業での収益の見込とその根拠を示す事が必要なのです。

　そもそも「少人数私募債」とは、企業が発行する社債の一つです。（国が発行する債券を国債と呼びます。）
　社債は、法人であればどのような法人格（株式会社、特例有限会社、合同会社、合資会社など）の会社でも発行することができる資金調達手段の一つです。

　その社債のうち、引き受けてもらう投資家（少人数の縁故者や取引先を対象として発行する社債）を５０人未満、社債の募集金額を１億円未満としたものを「少人数私募債」と呼びます。以下に簡単にまとめてみます。
　【少人数私募債の発行条件】

> ○社債購入者は適格機関投資家（金融機関等）を除いた５０名未満であること。※プロの投資家（証券会社・銀行その他金融機関の関係者）は購入者には、なれません。
>
> ○不特定かつ多数の者ではなく、会社の役員・従業員・株主・得意先・仕入先等の縁故者に対して、直接募集すること。
>
> ※募集の案内自体も５０名未満でなければならないので、ホームページなどの不特定多数に向けての告知や募集は出来ません。
>
> ※「募集の結果が５０名未満であった。」は、【私募】ではなく、【公募】であったとみなされます。
>
> ※過去半年以内に私募債を発行していれば、その人数と通算して５０名未満であること。

○社債の一口の最低金額が発行総額の５０分の１以上であること。

※一口の額は、募集総額÷４９以下でないとダメという事です。（１口を１０万円にした場合の最高発行額は、４９０万円という事です。）

○一括譲渡を除く譲渡制限を設け、譲渡には取締役会の決議を必要とすること。
※社債を自由に売買は、出来ないという事です。

【少人数私募債のメリット】

○金融機関の融資枠が一杯になっている場合でも、利用が可能である。

○担保や保証人が不要。

○償還までは月々の返済が無く、年１回の利払いだけで済むので、資金繰りの改善に効果がある。　　※年に複数回の利払いも可能。

○調達が成功した場合には、金融機関の格付けが上がる可能性がある。

○利率を自由に設定できる。　※出資法の制限を超える事は勿論ＯＵＴですが、一般的には３％～６％位になります。

○行政機関からの利子補給を受けられる場合もある。

【私募債発行までの手続きの流れ】

〈1〉 事業計画書の作成
　　　↓
〈2〉 取締役会決議または、これに変わる決議（取締役会のない会社）
　　　↓
〈3〉 募集要項・社債申込証の作成
　　　↓
〈4〉 社債引受者の募集
　　　　↓　※「ノウハウ戦略」（人的資産の構造資産化）説明会：重要
〈5〉 社債申込証の受領および社債申込についての審査
　　　↓
〈6〉 募集決定通知書の送付
　　　↓
〈7〉 社債預り証の発行
　　　↓
〈8〉 社債管理台帳の作成

　この「少人数私募債」と呼ばれるスキームは、直接金融ではありますが、株式投資やベンチャー投資といったものではありません。

**<u>本質的には小規模企業を資金面で、縁故者や地域が中心となって支える・支援するといった性質を持つ金融の仕組みであります。</u>**

**【少人数私募債説明会】**

我が社の【強み】は、○○が出来る事です。そして、この○○を安定的に提供する為に△△訓練カリキュラムがあり、年に1回以上のスキル確認の為の○○制度を実施しています。この○○が出来るのは我が社だけです。また、現在、この○○名での販売を全国16店舗で展開中です。目標としては、3年以内に100店舗を目指しております。

筆者は、この「少人数私募債」による資金調達が小規模企業に広まる事を期待します。

なぜなら、実際に少人数私募債を発行した小規模企業の社長さんからは、次のような感想が挙げられています。

A社：「少人数私募債の発行・引受けを通じて、役員・従業員に利益に対するこだわりが生まれ、経営に関する意識づけに成功した」。

財務面においては、少人数私募債により運転資金を確保できたため、余裕のある経営を可能とした。

メインバンクである大手金融機関からの評価も高まり、少人数私募債発行後に、同行の支店長が挨拶に来たり、また、新たな借入れを求められたりするなど、発行前の対応とは少し変化が見られるようになった。

> **B社**：銀行から借り入れるより少人数私募債を発行して資金調達をするほうが、地域の方々や同社の社員の貴重な資金を預かるため、従業員一同が自社の経営に強い責任を自覚することとなった。
>
> また、少人数私募債発行に際して、財務内容や経営内容を地域住民や社員にわかりやすい形で公開したことで、経営者として説明責任の重要性を認識することとなり、経営に大きくプラスになったという。

　この社長さん達の感想や想いからも、「少人数私募債」を発行する事で、社員や地域住民を通じて「国民個々が経済や社会の発展に向けて、積極的に参加する意識の醸成」に役立つことが伺えます。

　6章の〈こぼれ話〉で紹介したJ社についても、同様に社員との連帯感を醸成する事に繋がった資金調達であったと喜ばれております。

　このように直接金融の活用による経済への参画意識の醸成に於いて、また、アイディア・ノウハウ等の無形の資産への評価に於いても「少人数私募債」は、大変有効に機能するスキームであります。

　筆者は、小さな会社の「仕組つくり（ノウハウ戦略）」を通じて、このような意識の醸成が進むことで、最も深刻化している、いわゆる地域創生問題においても有効に機能すると考えています。

　例えば、商店街の**『お好み焼き屋さん』**のドアが歪んで、年配のお客さんが開け閉めに苦労する。
　店内の換気ダクトの老朽化やクーラーの利きが悪くなったので、改装が必要だが３００万円の費用がかかる。

このお店は、創業からは５０年（法人成後２２年）のお店で、老夫婦で経営しています。昔からの馴染のお客さんが多い事から、年齢層は高いけれども、お客さんが子や孫を連れて来るので１日の売上は、２万円程あります。
　年商は６００万円程になります。夫婦が生活するには問題はないのですが、後継者がいない事が大きな問題です。

　このようなケースは、シャッター商店街を初めとする地域創生の問題としてよくある話です。

　ただし、このような問題に対しての地域創生や町興しの対策として、「外部からの力や知識を取り入れよう！」との掛け声で、有名なコンサルティング会社へのオファーで何とかなるといった、地方自治体の半ば他人任せの風潮があるようにも感じてしまいます。

　地方創生については各地域でこれまでに、やってきた事の掘起しや分析（ＣＫＫ資産（知恵・工夫・経験）の掘起し）を外部の専門家やコンサルタントに依頼する事は、外部からの目で「灯台下暗し」となっていて、地元では気づいていない【強み】の掘起しとしての効果は十分に期待できます。

　しかし、その【強み】の活用までの全てを任せてしまえば、結果は、無駄な箱モノや維持の出来ない設備や施設が増えるだけといった事になってしまいます。

　地域では、当たり前として埋もれてしまっていたＣＫＫ資産（知恵・工夫・経験）をどのように活用して行くかは、そのＣＫＫ資産が目に見えるモノにさえなれば、あとは、その組替えや並べ替えなのだから、まずは地域で「自分たちで考え、やっていこう」と決める事が大事です。

そうする事で、地域はそれぞれのやり方で、確実に、たとえ小さくとも前進していける力を持っているのです。

この「自分たちでやっていく」の一つに「少人数私募債」の活用があるのです。そして、その為には、まちの小規模企業の「仕組つくり（ノウハウ戦略）」があるべきだと思うのです。

先の『お好み焼き屋さん』のケースで、常連のお客さんを中心に、まずは、私募債発行の条件として、１口１０万円×３０口　年利３％　５年償還での募集を行う。

常連のお客さんが、この社債を引き受ける為には、次のような条件が必要であると思います。

○まずは、「お好み焼き屋さん」のファンである事。
○「お好み焼き屋さん」の強みが何かを目に見える形になっている事。
○「お好み焼き屋さん」の経営が、継続できる根拠。
○「お好み焼き屋さん」の収益で、５年後の償還が出来る根拠。

この４つの条件を満たすために必要となってくるものが、「お好み焼き屋さん」の一番人気の『お好み焼き』のレシピを作るところの作業から始まる「仕組つくり（ノウハウ戦略）」なのです。

この単なるレシピがあるだけでも、次にこの「お好み焼き屋さん」をやってみようと思う人へ引継ぐことの出来る資産なのです。

そして、この地で５０年営業出来た理由を整理する事で、レシピ以外にも必ず「強み」があるはずです。ひょっとしたら承継者さんが、その「強み」を活かした新たなビジネスモデルが生れるかもしれないのです。

　そして、何よりも大事なことは、常連のお客さん達が、この社債を引き受ける事で生まれる支援の輪なのです。

　一般的な銀行さん等による間接金融では、融資が実施された後は、正直、月々の返済が滞る事でも無ければ、融資先のその後の経営を気に留めるような事はありません。

　常連のお客さんというファンからの融資となる少人数私募債では、その後のお店の繁盛も気にかかる事となります。

　常連さん自身が、お客さんとしての売上貢献もしますが、他の人にも自然と声掛けするといった支援の輪が広がるといった事も起こります。

　筆者が「仕組つくり（ノウハウ戦略）」からの資金調達において、少人数私募債を紹介させて頂いたのには、このような、地域に根付いた直接金融が少しでも広がる事を期待するからです。

　地域の住民と事業者の関わりが、単にお客さんとお店としての関係から、経営とその継続において伴に関われる関係づくりに役立つと考えるからです。

　シャッター商店街化の問題や地域で一人暮らしをされているお年寄りの「オレオレ詐欺」の被害もやはり、地域での横の連携が希薄になりつつあることに大きな要因があると思います。

自分がお客さんとして利用できるお店さんへの経営支援に参加できる地域環境の醸成は、国の掲げる地方創生や我が国の抱える廃業率や人口の減少について、その根本をなす問題の解決に貢献できるものであると信じております。

　但し、このような環境の醸成に於いては、やはり行政側が制度として支援する仕組みも望まれます。

　過去には、横浜市や東京都文京区を初め、いくつもの地方行政区の事業として、「**少人数私募債に伴う利子補給制度事業**」などがありました。

　しかしながら、現在では、この事業を行う行政区は、ほとんど見られません。
　但し、この事業が中断するに至った原因が「少人数私募債といった金融システム」それ自体の問題では無かったと思います。

　ただ、私募債の募集事業として、行政側からの募集条件が「新規のビジネスモデルや革新的な事業」にばかり偏重し、「利子補給制度事業」の対象企業の選定要件とした事が原因ではないかと思われます。

　これは、経営革新認定事業者の場合においても、その認定事業者のデフォルト率が問題視された事と同様に感じるところであります。

　結果、利子補給制度事業が継続されなくなっているように思われてなりません。

　確かに、小規模企業が「新規のビジネスモデルや革新的な事業」へ取組み、そして、成功する事で日本経済の復興が図れる事は、大変素晴らしい事であり、それらを支援する事も頷けます。

9 「仕組つくり（ノウハウ戦略）」による資金調達　215

　しかし、実際は、現在の事業を継続する為の仕組みつくり、そして、その継続の先に「新規のビジネスモデルや革新的な事業」が生れるのです。

　そして、「小規模企業振興基本法」の制定を受け、今後は、「持続的発展」を募集要項とした「利子補給制度事業」が実施される事が予想されます。

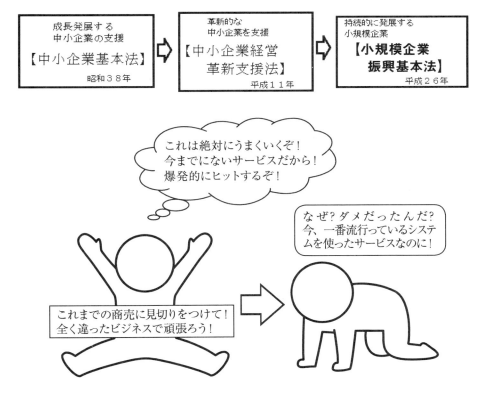

　新規事業や革新的な事業がダメなのでは無くて、自社の持っている「ノウハウ」を価値のないものとして、もしくは諦めてしまって、新しく事業を始める事が問題だと思うのです。

今までの商売が、厳しくなってきたから・・その商売自体に価値がないとはならないのです。

　これまで、その商売を続けてこられた事に価値があるのです。
　その為に培った「知恵・工夫・経験」に価値があるのです。

　新たなビジネス展開の土台となる、これまでの経験で培われた「ノウハウ」の洗い出しと整理から、始める事が大事なのです。

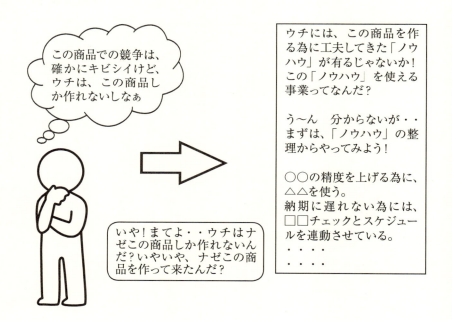

　　小規模企業の持つ「知恵・工夫・経験」は、「我が国のタカラモノ」なのです。

## 自社に必ずある「知恵・工夫・経験（ＣＫＫ資産）」を！

---

「目に見えるモノとする」

「仕事での仕組とする」

「次の者へ渡せるモノとする」

「タカラモノとして守る」

その為に権利化・保護化を図る。

---

先人たちが行なってきた「ただのモノマネでは無く、創造的な模倣」

### ※磨き練り上げる模倣、即ち「磨練る（マネル）」

「他社の、異業種の「ノウハウ」を読み解き、自社の仕組みとしての組替えや並べ替えを行う」

　その為にも、まずは、自社の持っている「ノウハウ」を企業の仕組みとする取組みを行って貰いたいと願います。

## おわりに

　筆者は、我が国の小規模企業の持つ底力は、世界に誇れる「技術力とノウハウ」そして、何よりも「コツコツと頑張る気質」にあると信じております。

　ＩＴ時代の到来、グローバル化という言葉が、飛び交うようになって久しくなりますが、それらの言葉は、決して、「地道にコツコツと努力すること」やこれまでの小規模企業の持つ「知恵・工夫・経験」を否定するものではありません。

　全国の地域で頑張っている「地道にコツコツと努力する」小規模企業の培ってきた「ノウハウ」は、本当に日本の宝物だと思います。

　ただ、恥ずかしながら、筆者も孫たちが生れ、自身が５０歳の声を聴いた頃に、ようやく「自身の「知恵・工夫・経験」を次の世代へ引継げるものとしなければならない。」との思いに気付いたのであります。

　「私が今やっている仕事・・・・・・小さな会社さんの色々な相談に乗って、本当に私の力では無いのに、先生のおかげで・・とか、本当に恩人です・・とかいって貰い恐縮するのですが、やっぱり、嬉しくも思い、ありがたくも思う・・」

　と自分のやってきたこれまでの仕事を振り返った時に「ん？　私の仕事って？行政書士の資格を持っている？　経理業務や数字に強い？　許認可が出来る？　知財についての知識もそこそこ持っている？・・・ん？」

　と思い始めて、自分が普段「小さな会社さんが持っている「知恵・工夫・経験」は、資産ですよ！　だから仕組化して、権利化・保護化しないとダメですか

らね！」と言ってきた言葉に驚いてしまったのです。

　クライアントの皆さんに、これまでさんざん言ってきた自分の言葉を自分自身に向けた時、見事に自分だけの「ノウハウ」やスキルでしかなかった事に気付きました。

　こんな私の持つ「知恵・工夫・経験」ですが、やはり次の世代へ渡せるものとしておかなければならない！と思ったのです。

　そして、自分自身の構造資産化、仕組み化を考えた結果、同じような資格やスキルを持つ人たちを集結し、小規模企業の継続に向けての支援やサポートを目的とした団体を創る事にしました。

　これが、一般社団法人　日本知的資産プランナー協会を設立した本音の所（自分自身の構造資産化）です。決して最初から「日本の未来を憂いて・・」といった思いがあった訳では無いのです。

　そして、行政書士や弁護士・弁理士、会社サポートのスキル持つ多くの仲間が集まってくれて、助けてくれて、今のＩＡＰ協会があります。

---
※ＩＡＰ協会との協定書締結団体
　北海道担当：（社）北海道知的財産管理センター（代表理事　斉藤正行）
　福井県担当：知的資産経営支援センター福井（代表　髙村昭治）

---

　また、ＩＡＰ協会を通じて、これまで以上に多くの方との繋がりが生れました。**「小規模企業振興基本法」**の素案作りに深く関わる立石裕明氏もその一人です。

今では、協会の理事メンバーにもなって頂いておりますが、実際、彼との出会いにより、私のこれまで行ってきた「小さな会社さんへの支援スキーム」を小規模企業振興基本法・支援法において、ずいぶんと反映（**「仕組みつくり」** ⇒ **持続的発展、「敬聴力」** ⇒ **伴走型支援**）して頂く事ができました。

　この「小規模企業振興基本法」の成立を受けたから申し上げるのではありませんが、本当に本気で、小規模企業の「知恵・工夫・経験」を次の世代へ【引継げるモノ】、【見えるモノ】、【守れるモノ】とする事は、間違いなく、「日本の未来の為に、必要な事であるのだ。」と思っております。

　そして、また国の方では現在、小規模企業の経営力強化に向けての基本法関連法案が検討されているようにも聞き及んでいます。

　その内容においても、本書でいうところのノウハウ「知恵・工夫・経験」の見える化（フローチャートやマニュアルなど）とその権利化・保護化（営業秘密管理や商標権の活用）といった「ノウハウの仕組み化」等による小規模企業の経営力強化をも包括した支援法として以下の議案要旨により、平成２８年５月２４日に衆議院本会議において全会一致での可決となりました。**（中小企業等経営強化法）**

---

| 議案要旨 |
|---|
| （経済産業委員会）<br>　中小企業の新たな事業活動の促進に関する法律の一部を改正する法律案（閣法第四六号）（先議）要旨<br>　本法律案は、労働力人口の減少、企業間の国際的な競争の活発化等の経済社会情勢の変化に対応して、中小企業者等の経営の強化を図ることが重要であることに鑑み、事業分野別に新たに経営力の向上のための取組等を |

示した指針を主務大臣において定めることとするとともに、当該取組を支援するための措置等を講じようとするものであり、その主な内容は次のとおりである。

一、題名

　法律の題名を「中小企業等経営強化法」に改める。

二、目的

　この法律は、中小企業等の多様で活力ある成長発展が経済の活性化に果たす役割の重要性に鑑み、創業及び新たに設立された企業の事業活動の支援並びに中小企業の経営革新及び異分野の中小企業の連携による新事業分野開拓並びに中小企業等の経営力向上の支援を行うとともに、地域におけるこれらの活動に資する事業環境を整備すること等により、中小企業等の経営強化を図り、もって国民経済の健全な発展に資することを目的とする。

三、定義の追加

　この法律において「経営力向上」とは、事業者が、事業活動に有用な知識又は技能を有する人材の育成、財務内容の分析の結果の活用、商品又は役務の需要の動向に関する情報の活用、経営能率の向上のための情報システムの構築その他の経営資源を高度に利用する方法を導入して事業活動を行うことにより、経営能力を強化し、経営の向上を図ることをいう。

四、基本方針において定めるべき事項の追加

　1　中小企業等の経営力向上の内容、実施方法等に関する事項を追加する。

　2　経営力向上の支援体制の整備に関する内容や実施体制等に関する事項を追加する。

五、事業分野別指針の策定

　主務大臣は、基本方針に基づき、所管に係る事業分野のうち、中小企業者等の経営力向上が特に必要と認められる事業分野を指定し、専門家その他の関係者の意見を聴いて、経営力向上の内容、実施方法、その支援体制

の整備等に関し、経営資源を高度に利用する方法の導入の方法その他の当該事業分野に係る経営力向上に関する指針(以下「事業分野別指針」という。)を定めることができる。

六、経営力向上計画の認定

主務大臣は、中小企業者等が申請した経営力向上計画について、経営の向上の程度を示す指標、経営力向上の内容及び実施時期が事業分野別指針(事業分野別指針が定められていない場合にあっては、基本方針)に照らし適切なものであり、かつ、必要な資金の額及びその調達方法並びに経営力向上設備等の種類等が経営力向上を確実に遂行するため適切なものであると認めるときは、その認定をする。

七、支援措置

1 中小企業信用保険法に規定する普通保険等の保険関係であって、認定経営力向上事業に必要な資金に係る債務の保証について、特別枠の設定及び保険料率の引下げ等の措置を講ずる。

2 中小企業投資育成株式会社は、中小企業者が認定経営力向上事業を行うために資本金の額が三億円を超える株式会社を設立する際に発行する株式の引受け及び当該引受けに係る株式の保有等を行うことができる。

3 株式会社日本政策金融公庫は、中小企業者及び組合等が海外において認定経営力向上事業を行うために必要とする長期の資金の借入れに係る債務の保証を行うことができる。

八、支援体制の整備

1 認定経営革新等支援機関が行う経営資源の内容、財務内容その他経営の状況の分析並びに指導及び助言等の業務に、経営力向上に係るものを追加する。

2 認定事業分野別経営力向上推進機関は、事業分野別指針に定められた事項に関する普及啓発及び研修並びに経営力向上に関する情報の

> 　　収集、整理及び分析並びに調査研究を行う。
> 九、附則
> 　1　この法律は、公布の日から起算して三月を超えない範囲内において政令で定める日から施行する。
> 　2　中小事業者等がこの法律の施行の日から平成三十一年三月三十一日までの期間内に認定経営力向上計画に基づき取得をした機械及び装置で政令で定めるものに対して課する固定資産税の課税標準は、新たに課税されることとなった年度から三年度分に限り、課税標準となるべき価格の二分の一の額とする。

　最後に、これまでも、これからも、日本の社会や経済を支えているのは、間違いなく町の、村の小さな会社さん（小規模企業）である事。
　そして、それらの小さな会社さんの持つ「知恵・工夫・経験」（ノウハウ）こそが、子や孫の未来の日本を築く「宝」である事。
　だから、小さな会社さんこそが、その「ノウハウ」を次の世代へバトンタッチする為の「仕組み」として残すための取組みをすべきなのです。

　そして、小規模企業の支援に携わられている多くの資格者や専門家の皆様に於きましても、今後の支援の中に、『**「知恵・工夫・経験」（ノウハウ）の仕組み化、そして、その権利化・保護化をすべきと**』いった視点での伴走型（敬聴力）による支援をお願い致しまして、私の「おわりに」の言葉とさせて頂きます。

　ありがとうございました。

## ≪あとがき≫

　本書は、クローズアッププロジェクトとの共同出版プロジェクト（ＩＡＰクローズアッププロジェクト）の一環としての出版であります。

---

　ＩＡＰクローズアッププロジェクトとは、クローズアッププロジェクトが取り組む『**挑戦する中小企業 つぶしてたまるか**』と題した出版事業と（社）日本知的資産プランナー協会（略称：ＩＡＰ協会）との共同出版プロジェクトです。

　ＩＡＰ協会では、当該書籍に登場する各社の《社長の持つ【人的資産】（知恵・工夫・経験）が、企業の中でどの様に仕組化（構造資産）され、その企業の継続性を生み出しているのか？　また、その仕組み化された強みをどの様にお客様へ伝え、信頼（関係資産）を構築しているのか？》と言ったＩＡＰ協会の提唱する『人的資産の構造資産化』の視点から、その企業の持つ<u>**本当の意味での強み**</u>を掘り下げてご紹介させて頂きます。

---

　クローズアッププロジェクト代表の関谷一雄は、『**挑戦する中小企業 つぶしてたまるか**』において、経営者の単なる成功本、製品や会社紹介では無く、経営者のマインド・理念にスポットをあて、読者にその思いと感動を届ける事を目的とした書籍の発行を目的とし、書籍を通じて経営のヒントやきっかけをつかんでもらい、中小企業の活性化につなげる事を目指しています。

　ＩＡＰクローズアッププロジェクトでは、登場して頂く中・小規模企業の皆様へ自社の歴史の中で、<u>「仕組化されてきた自社の強み」</u>を再度見つめ直<u>す教本</u>として、継続経営の<u>新たな仕組みの作り方</u>を知る事の出来る書籍制作を目指しております。

> 　企業の継続に於いて最も必要とされる要素は、「**強みの進化**」であります。

　但し、ここで言う「**強みの進化**」とは、「単に、新しいものを取り入れる事。」ではありません。

　<u>「自社の持つ「強み」を詳細に把握し、次へ渡せる「目に見えるもの」とする事で、それぞれの時代に応じた商品・サービスを絶えず提供し続ける。」</u>為の進化なのです。

　本書の出版を機に、ＩＡＰクローズアッププロジェクトとして、あらたに出版事業部（ＩＡＰ出版）を立ち上げる事となりました。
　同事業部では、これまでの『挑戦する中小企業 つぶしてたまるか』を継承し、「挑戦する中小企業！シリーズ」を取組む事としております。

　ＩＡＰ出版では、その取材・編集に於いて、ＩＡＰ協会での、これまでの中・小規模企業のサポートにより培われたノウハウを、惜しみなく提供させて頂く所存であります。

　自社での業務の仕組化、そして、その出版などをご検討されている会社様は、是非、御連絡をお待ち申し上げます。

```
連絡先：大阪市中央区本町橋２－２３　第７松屋ビル３Ｆ
　　　　（社）日本知的資産プランナー協会
　　　　　TEL　06-6937-2015　FAX　06-6937-2017
```

## ≪著者紹介≫

### 西元　康浩（にしもと　やすひろ）
（社）日本知的資産プランナー協会理事長（行政書士）

**（略歴）**

| | |
|---|---|
| 昭和 56 年～平成 4 年 | 郵政省勤務 |
| 昭和 62 年～　現在 | 行政書士登録 |
| 平成 4 年～平成 23 年 | （有）マクロシステム研究社　設立（ソフト開発・コンサルティング会社） |
| 平成 21 年～平成 23 年 | 知的資産経営サポートセンター　設立　所長就任 |
| 平成 22 年～平成 24 年 | 緊急人材育成支援事業（知的財産管理実務科）開講 |
| 平成 22 年～平成 25 年 | 和解あっせん人・調停人（公益社団法人　総合紛争解決センター）就任 |
| 平成 22 年 12 月～現在 | （社）OSAKA あかるクラブ　法制顧問就任 |
| 平成 23 年 6 月～　現在 | 一般社団法人　日本知的資産プランナー協会　設立　代表理事就任 |
| 平成 23 年 9 月～　現在 | 京都外国語大学　後期授業（知財マネジメント）受託 |
| 平成 27 年 11 月～現在 | 一般社団法人 inochi 未来プロジェクト　顧問就任 |

**（講演会・研修活動）**　　　　　　　　　　　　平成 28 年 3 月　現在

　平成 19 年以降「知的資産経営」導入に向けての東京・大阪をはじめ宮崎、福岡、兵庫、滋賀等の行政書士会での研修・セミナーを行なう。また、中小企業や他士業向けセミナー・研修会及びシンポジウムでの講演（経済産業省を主管とする団体主催を含む）を行う。

「小規模企業振興基本法」制定に伴い、中小企業基盤整備機構の要請を受け、平成26年10月より全国（47都道府県）の商工会・商工会議所の経営指導員向け『小規模事業者支援研修』を実施している。地域商工会等から「まちおこしプロジェクト」等への専門家として招聘を受ける。


**（企業サポート）**
　財務・法務・労務に於ける中小企業サポート件数：1000社以上（延べ）。
　主に中小企業の持つ知恵・工夫・経験（人的資産）の仕組み（構造資産）化をサポートし、その 権利化による信用力（関係資産）の強化によって、「事業承継」「経営再生」「資金調達」に伴う企業支援を行って 来ている。

あなたの会社が目指すのは
『売上ですか？　継続ですか？』
小さな会社の「仕組つくり（ノウハウ戦略）」

2016年6月17日　初版第1刷発行

著　者：西元　康浩
発行者：赤股　英之
発行所：ＩＡＰ出版
〒540-0029
大阪市中央区本町橋2-23 第7松屋ビル3F
TEL：06-6937-2015　FAX：06-6937-2017
印刷・製本：有限会社 扶桑印刷社

Ⓒ 2016　西元　康浩　Printed in Japan
ISBN978－4－908863－00－4